창작자를 위한
지브리 스토리텔링

이누해 지음

GHIBLI
STORYTELLING

캐릭터부터 주제까지,
지브리로 배우는 마법 같은 이야기 쓰는 법

동녘

추천의 글

지브리 작품의 핵심은 바로 독창성입니다. 그러나 이 독창성이 전 세계 사람들에게 보편적인 감동을 전할 수 있었던 이유는 강력한 스토리의 힘 덕분이었습니다. 이 책은 스튜디오 지브리의 독보적인 스토리텔링 방법을 소개하며, 그 작품들이 어떻게 독창성과 보편성을 동시에 획득했는지 심도 있게 탐구합니다. 책이 다루는 미야자키 하야오의 서사 기법, 캐릭터 구축법, 감정선의 세밀한 표현법 등은 창작을 꿈꾸는 이들에게 실질적인 도움을 줍니다. 이를 통해 창작자들은 자신의 스토리를 독창적이면서도 많은 사람이 공감할 수 있는 방식으로 발전시킬 영감을 얻게 될 것입니다.

손상범　제작사 '하우스 오브 임프레션' 대표, 〈검사외전〉 기획, 〈마스크걸〉 제작

10대 시절 〈미래소년 코난〉을 처음 만난 이후 미야자키 하야오의 영원한 팬이 되었습니다. 그의 모든 작품을 섭렵했고, 그중 〈이웃집 토토로〉는 아이들과 함께 100번도 넘게 봤지요. 만화와 평전까지 관련 책을 모조리 탐독했고, 집안 곳곳엔 굿즈가 넘칩니다. 그렇기에, 이 새롭고 흥미로운 책의 등장에 마치 그의 찬란한 신작을 맞이하는 것처럼 설레는 마음이 됩니다. 이토록 강력하게 나를 휘어잡아온 하야오 작품의 매력은 쉬이 설명할 수 없는 수많은 요소의 화학적 결과이기에, 누

군가 그 이유를 묻는다면 단번에 답하기가 어려웠습니다. 고맙게도 이 책은 그 황홀한 콩깍지의 연유를 가지런히 살을 발라 알려주며, 미야자키 하야오라는 거인의 어깨 위에서 스토리의 세계를 조망하게 해줍니다. 스토리 창작의 길로 발을 내딛는 분들에게 아주 긴요한 공부가 되리라 믿습니다.

민규동 영화감독, 〈여고괴담 두 번째 이야기〉, 〈내 아내의 모든 것〉 각본·연출

SNS에서 이누해 작가의 계정을 발견했을 때 보물상자를 획득한 기분이었습니다. 영화와 문화에 대한 그의 식견은 폭넓을 뿐만 아니라 독창적이었습니다. 특히 스튜디오 지브리 작품들에 대한 이야기는 많은 사람들에게 폭발적 반응을 얻었습니다. 새 글이 올라오기를 기다렸다가 허겁지겁 읽곤 했지요. 짧은 글로 감칠나게 삼키던 이누해 작가의 글을 책으로 만나게 되어 매우 기쁩니다. 이 지적인 안내서는 창작욕을 불러일으킵니다. 읽는 동안 계속 작업을 하고 싶었습니다. 저 자신도 사용하고 있는 유용한 창작 기법들이 일목요연하게 정리되어 있는 점 또한 감탄스럽습니다. 이 책을 창작자들과 인문서적 독자들, 그리고 스튜디오 지브리의 팬들 모두에게 추천합니다.

김윤아 싱어송라이터, 밴드 자우림 멤버

일러두기

1. 본문의 고딕체는 지은이가 강조한 부분이다.
2. 본문의 주에서 출처를 표시하는 주는 숫자로, 내용을 설명하는 주는 별표(*)로
   표기했다.
3. 본문에 언급된 단행본, 신문은 겹화살괄호(《 》)를, 단편, 기사, 영화, TV 프로그램
   등은 홑화살괄호(〈 〉)를 사용해 표기했다.
4. 본문에 언급된 영화의 제목은 국내에 개봉된 제목으로 표기했다. 단, 본문에 인
   용된 영화 대사 중 일부는 원문의 뜻을 고려해 지은이가 새로 옮겼다.

"결심했어! 나 글을 쓸 거야.
쓰고 싶은 게 있어!"

— 〈귀를 기울이면〉, 시즈쿠

 ## 우리가 사랑한
지브리의 스토리텔링

스튜디오 지브리는 현존하는 최고의 애니메이션 스튜디오 중 하나로, 전 세계적으로 영향력 있고 창조적인 집단으로 손꼽힌다. 이는 〈바람계곡의 나우시카〉, 〈천공의 성 라퓨타〉, 〈이웃집 토토로〉, 〈마녀 배달부 키키〉, 〈붉은 돼지〉, 〈모노노케 히메〉, 〈센과 치히로의 행방불명〉, 〈고양이의 보은〉, 〈하울의 움직이는 성〉, 〈벼랑 위의 포뇨〉, 〈마루 밑 아리에티〉, 〈그대들은 어떻게 살 것인가〉 등 지브리가 만들어온 수많은 명작의 목록만 봐도 느낄 수 있다.

지브리의 최고 흥행작인 〈센과 치히로의 행방불명〉은 일본에서만 2350만 명의 관객을 동원하고 전 세계 박스오피스 흥행 수익 3억 9580만 달러(한화 약 5474억 원)라는 엄청난 성적을 기록했다. 또한 베를린 국제영화제에서 애니메이션 최초로 황금곰상을, 아카데미 시상식에서 일본 최초로 장편 애니메이션상을 받는 등 평가 면에서도 놀라운 성과를 거두었다. 이후 2023년 개봉한 〈그대들은 어떻게 살 것인가〉로 두 번째 아카데미 장편 애니메이션상을 수상하며 또 다른 역사를 썼다.

국내에서도 지브리 영화는 20년 넘게 많은 사랑을 받으며 대체 불가능한 하나의 장르로 자리 잡았다. 2002년 개봉한 〈센과 치히로의 행방불명〉은 201만 명의 관객을 동원하며 국내에서 일본 애니메이션 영화의 새로운 장을 열었다. 이전까지 일본 애니메이션 영화가 세웠던 최고 기록이 40만 명이었던 것을 고려하면 기념비적인 성적이었다. 2004년 개봉한 〈하울의 움직이는 성〉은 301만 명의 관객을 동원하며 국내에 개봉한 일본 영화 중에서도 최고 흥행작에 등극했으며, 이 기록은 2017년까지 유지되었다. 이 두 작품은 10여 년 뒤 한 차례씩 다시 개봉

하기도 했는데, 관객이 3만 명만 넘어도 성공했다고 보는 재개봉 영화임에도 불구하고 각각 15만 명, 18만 명이라는 놀라운 성적을 보여줬다. 이후에도 지브리의 영화는 개봉 때마다 많은 화제를 낳으며 일정 수준 이상의 흥행을 기록해왔고, '지브리 덕후'를 자처하는 마니아층이 생길 정도로 굳건한 위상을 구축해왔다. 이처럼 지브리의 작품은 애니메이션에 큰 관심이 없는 사람들에게도 관심과 지지를 얻는다는 점에서 특별하다. 지브리의 인기는 이미 '서브컬처'에 국한되지 않으며, 지브리의 영화는 대중성과 작품성을 두루 갖춘 이야기로 널리 인정받고 있다.

이렇게 지대한 영향력을 가진 창작 집단 지브리의 중심에는 미야자키 하야오宮崎駿라는 거인이 자리한다. 사람들이 '지브리' 하면 떠올리는 일반적인 이미지는 미야자키 하야오의 붓 끝에서 탄생했다 해도 과언이 아니다. 그는 수많은 창작자가 롤 모델로 삼는 예술가이자 스토리텔러이기도 하다. 이 책의 목적은 바로 이 거인, 미야자키 하야오의 스토리텔링 방법론을 분석해 창작에 활용할 수 있도록 하는 것이다.

누구를 위한 책인가?

이 책은 이런 독자들이 읽어주기를 바라며 썼다.

1. 지브리 영화 같은 작품을 만들고 싶은 **창작자**
2. 가벼운 스토리텔링 도서를 찾는 **작법서 독자**
3. 지브리 영화를 깊이 있게 이해하고 싶은 **지브리 팬**

이 책의 첫 번째 대상은 지브리 영화 같은 작품을 만들고 싶어 하는 창작자다. 따라서 이 책에서는 지브리 영화의 일반적인 스토리텔링 방법을 해체하고 분석하여, 이를 창작에 응용할 수 있는 다양한 방법을 소개할 것이다. 이를 통해 지브리의 스토리텔링 방법론을 익히고 나면 지브리의 영향을 받았으면서도 새롭고 독창적인 스토리를 만들어볼 수 있을 것이다.

또 다른 대상 독자는 가벼운 스토리텔링 도서를 찾는 작법서 독자다. 시중에는 창작자를 위한 작법서가 여럿 있으며, 그중에는 방대한 정보를 담고 있는 훌륭한 작법서도 많다. 그러나 이런 '맥시멀리스트' 작법서는 지식을 축적하는 데에는 큰 도움이 되지만, 당장 창작에 뛰어들어야 할 때 활용하기는 쉽지 않다. 게다가 창작을 하다 막혔을 때 작법서를 펼쳐 작법 이론을 공부하는 것은 창작으로부터 도망치기 위한 현실도피의 수단으로 전락하기 십상이다.

이러한 문제를 해결하기 위해 이 책은 핵심만을 정확히 짚어 언제든 편하게 집어들 수 있는 '미니멀리스트' 작법서를 지향한다. 미니멀리스트 작법서라고 해서 입문서 수준의 얕은 내용만을 다루겠다는 뜻은 아니다. 그보다는 실전에 바로 응용할 수 있도록 중요한 내용만을 밀도 있게 다룬다는 것에 가깝다. 창작에서 가장 중요한 것은 실전이기 때문이다. 따라서 이 책은 창작을 하다 막힌 부분이 있을 때 필요한 내용만 찾아서 읽을 수 있도록 내용을 구성하려고 노력했다.

마지막으로 창작자가 아니더라도 지브리 영화를 좋아해 작품을 깊이 탐구하고 싶은 사람도 이 책의 독자가 될 수 있다. 영화가 사용한 스토리텔링 방식을 이해한다면 창작자가 의도한 스토리의 의미, 재미, 감동을 훨씬 풍부하게 이해할 수 있을 것이다.

무엇을 다루는 책인가?

이 책은 지브리가 제작한 영화 중 미야자키 하야오가 직접 각본을 쓰고 연출한 작품만을 다뤘다. 지브리에는 미야자키 하야오 외에도 다양한 감독들이 있다. 〈반딧불이의 묘〉, 〈추억은 방울방울〉, 〈폼포코 너구리 대작전〉, 〈이웃집 야마다군〉, 〈가구야 공주 이야기〉의 다카하타 이사오, 〈귀를 기울이면〉의 콘도 요시후미, 〈고양이의 보은〉의 모리타 히로유키, 〈게드전기: 어스시의 전설〉, 〈코쿠리코 언덕에서〉, 〈아야와 마녀〉의 미야자키 고로, 〈마루 밑 아리에티〉, 〈추억의 마니〉의 요네바야시 히로마사, 〈바다가 들린다〉의 모치즈키 토모미, 〈붉은 거북〉의 미카엘 두독 데 비트가 지브리에서 감독직을 맡은 인물들이다.

이 중 다카하타 이사오高畑勲는 특별히 언급할 만하다. 그는 미야자키 하야오와 더불어 지브리의 분명한 양대 축이었으며, 미야자키 하야오와는 다른 독창적인 작품 세계를 확립한 창작자이기 때문이다. 이 책이 미야자키 하야오의 작품만을 다루게 된 이유가 바로 여기에 있다.

미야자키 하야오의 스토리텔링 방식은 분명 선배인

다카하타 이사오의 영향을 받았다. 특히 〈센과 치히로의 행방불명〉을 제작하는 동안 미야자키 하야오는 "이렇게 만들면 파쿠상(다카하타 이사오의 별명)에게 혼나는데……" 라는 등 그를 의식하는 말을 자주 했다고 전해진다. 하지만 미야자키 하야오는 다카하타 이사오를 뒤따라야 할 선배라기보다는 경쟁해야 할 라이벌로 인식했던 것으로 보인다. 이러한 관계 때문인지 두 사람의 스토리텔링은 공통점보다는 차이점이 두드러진다.

다카하타 이사오에 따르면 영화에는 두 가지 종류가 있다. 하나는 주인공에게 감정을 이입하는 영화고, 다른 하나는 주인공에게 감정적으로 거리를 두는 영화다. 미야자키 하야오의 영화는 전자로, 그의 영화를 보는 관객들은 어느새 주인공과 하나가 되어 그들이 느끼는 희로애락을 공유하게 된다. 일례로 미야자키 하야오의 대표작인 〈센과 치히로의 행방불명〉에서 치히로의 부모님이 돼지가 되자 치히로는 두려움과 당혹감에 휩싸여 어쩔 줄을 모르는데, 이때 관객들도 치히로에게 감정을 이입해 유사한 두려움을 느끼게 된다.

반면 다카하타 이사오의 영화는 후자다. 그의 영화를 보는 관객들은 주인공을 멀리서 관찰하듯이 지켜보게 된다. 이러한 경향을 보여주는 대표적인 작품이 다카하타 이사오의 대표작이기도 한 〈반딧불이의 묘〉다. 이 영화는 관객들이 주인공인 요코가와 남매의 감정에 진정으로 이입하지 못한 채 객관적인 관점에서 그들의 감정을 추론하고 관찰할 수밖에 없게끔 설계되어 있다.

이렇게 두 사람의 스타일이 두드러지게 다른 만큼, 한 권의 책에서 두 명의 스토리텔링 방식을 모두 다루려 한다면 내용의 깊이가 얕아질 수 있다는 우려가 들었다. 이에 '지브리' 하면 일반적으로 떠오르는 인물인 미야자키 하야오에게 집중함으로써 내용의 밀도를 높이기로 결정했다.

다만 〈바람계곡의 나우시카〉는 지브리에서 만들어진 영화가 아님에도 분석 대상으로 삼았다. 이는 이 영화를 제작한 톱크래프트 스튜디오가 사실상 지브리의 전신이라는 점, 지브리도 이 영화를 자사의 작품 카탈로그에 포함하고 있다는 점 때문에 지브리의 작품으로 봐야 한다고 판단했기 때문이다.

무엇을 위한 책인가?

동시대 가장 영향력 있는 스토리텔러인 미야자키 하야오의 스토리텔링을 공부한다면 정말 미야자키 하야오처럼 창작할 수 있게 될까? 냉정하게 대답하자면 그렇지 않다. 그는 불세출의 천재로, 미야자키 하야오 본인조차도 자신을 이어갈 후계자를 양성하지 못한 것이 현실이기 때문이다. 미야자키 하야오의 스토리텔링을 공부하더라도 그처럼 창작할 수 없다면, 그의 스토리텔링을 공부해야 하는 이유는 무엇일까?

미야자키 하야오의 스토리텔링은 (적어도 〈센과 치히로의 행방불명〉을 만들 때까지는) 놀라울 만큼 정직하다. 그의 스토리텔링은 공연한 잔재주나 기교 없이 스토리의 힘으로만 승부하는 진검 승부에 비유할 수 있다. 관객을 속이기 위한 복잡한 플롯 장치*나 과도한 반전 없이, 캐릭터의 감정과 성장을 중심으로 자연스럽게 스토리를 풀

---

* 플롯 장치plot device. 스토리의 구조와 사건들의 전개, 즉 플롯을 구성하고 발전시키기 위해 창작자가 사용하는 인위적인 요소나 기법을 통틀어 일컫는 말. 등장인물, 사건, 물건, 상황 등이 플롯 장치로 활용될 수 있으며, 이를 통해 스토리의 흐름을 만들거나 변화시킨다. 대표적인 플롯 장치로는 우연한 만남, 중요한 편지의 발견, 예언 등이 있다.

어가기 때문이다. 스토리텔링의 기본 원리를 밑바탕에 두고 그것을 충분히 이해한 채 스토리를 만드는 것이다. 이러한 접근 방식은 그가 스토리를 만드는 스토리텔러가 아닌 그림에 움직임을 부여하는 애니메이터로 경력을 시작했다는 점과 밀접한 관련이 있다. 그는 스토리텔링의 화려한 기교보다는 기본기를 갖추는 데 집중했고, 이는 그의 작품이 깊이 있는 서사를 다루는 원동력이 되었다.

물론 후기로 갈수록 미야자키 하야오의 스토리텔링은 다양한 실험을 시도하면서 난해해지고, (이 책을 쓰는 시점에서) 마지막 작품인 〈그대들은 어떻게 살 것인가〉는 꿈의 논리*를 따르면서 호불호가 갈리기도 했다. 그럼에도 불구하고 미야자키 하야오의 영화가 비평의 측면에서 일관되게 찬사를 받을 수 있었던 것은 앞서 말한 것과 같이 탄탄한 기본기를 갖추었기 때문이다.

물론 기본기만 탄탄하게 갖춘다고 해서 미야자키 하

---

* 꿈의 논리dream logic. 현실의 논리적 규칙을 벗어나는, 꿈 특유의 비현실적이고 초현실적인 사고와 사건의 전개 방식을 일컫는 개념. 시간과 공간의 비연속성, 인과관계의 왜곡, 정체성의 유동성, 현실에서는 불가능한 상황의 자연스러운 수용 등이 특징이다. 문학, 영화 등에서 현실과 환상의 경계를 모호하게 만들거나 독특한 분위기를 조성하는 데 자주 활용된다.

야오처럼 스토리를 만들 수 있는 것은 아니다. 오히려 무리하게 미야자키 하야오를 모방하려 했다간 어설프고 진부한 작품을 만들기 십상이다. 그러나 그렇다고 해서 미야자키 하야오를 배우고, 연구하고, 그처럼 되고자 시도하는 것이 의미가 없다는 말은 아니다. 미야자키 하야오처럼 되려고 도전하는 것이 창작자로서 새롭게 도약하는 계기가 될 수 있기 때문이다.

여기서 내가 좋아하는 연설을 하나 소개하고 싶다. 미국의 국민 MC, 코미디언이자 각본가인 코난 오브라이언Conan O'Brien이 2011년도 다트머스대학교 졸업식 축사로 진행한 연설이다. 이 연설에서 그는 이렇게 말했다.

"1940년대로 거슬러 올라가면 잭 베니라는 정말 정말 웃기는 사람이 있었습니다. 그는 엄청난 스타였고 그 세대의 가장 성공한 코미디언 중 한 명이었습니다. 그보다 훨씬 어린 조니 카슨은 잭 베니처럼 되기를 간절히 원했습니다. 어떤 면에서 그는 잭 베니와 비슷했지만 많은 면에서 달랐습니다. 그는 잭 베니를 따라했지만, 그만의 기발함과 버릇은 매체의 변화와 함께 그를 다른 방향으로 이끌었습니다. 그는 자신의 영웅을 완벽히 따라하는 데 실패했기 때문에 그의 세대에서 가장 웃긴 사람이 될 수 있었습니다. 데이비드 레터맨은 조니 카슨이 되고 싶었지만, 그렇게 되지 못했습니다. 그 결과, 제 세대의 코미디언들은 데이비드 레터맨이 되고 싶어했죠. 하지만 누구도 그렇게 되지 못했습니다. 제 동료들과 저는 그 목표물을 맞히지 못했습니다. 중요한 건 이겁니다. 우리가 추구하던 이상향에 도달하는 데 실패할 때 우리는 스스로가 누구인지 알게 되고, 자신만의 독특함을 찾게 됩니다."

미야자키 하야오의 스토리텔링을 탐구하는 의의는 바로 이것이다. 그의 방법을 연구하고 공부한다고 해서 우리가 그와 같은 창작자가 될 수 있는 것은 아니다. 우리는 대부분 미야자키 하야오와 다른 환경에서 자랐고, 다른 매체를 추구하며, 다른 시대에 창작 활동을 한다. 때문에 미야자키 하야오를 모방하려는 시도는 필연적으로 실패할 수밖에 없다. 그러나 이런 '실패'를 통해 우리는 오히려 자신을 더 깊이 이해하게 되고, 자신만의 독특한 특성을 발견하게 된다. 어쩌면 이러한 과정을 거치는 동안 우리는 그에 버금가는 또 다른 창작자로 성장할 수 있을지도 모른다. 이 책은 그런 당신의 실패를 응원하고,

나아가 스스로를 찾는 여정에 도움이 되기를 바라는 마음에서 쓰였다. 이러한 의도가 온전히 전해지는 책이 되길 바란다.

차례

추천의 글 4

프롤로그 7

- 우리가 사랑한 지브리의 스토리텔링 7
- 누구를 위한 책인가? 10
- 무엇을 다루는 책인가? 12
- 무엇을 위한 책인가? 15

1장 지식 25

- 능동적으로 감상하라 27
- 스토리의 계보를 파악하라 31
- 다른 작품을 창작에 활용하는 방법 35
- 다양하게 경험하고 체험하라 48
- 요약/실전연습 54

2장 아이디어 57

- 상상과 발상으로 아이디어를 발전시켜라 59
- 지브리의 비결, 이미지 보드를 활용하라 62
- 관찰과 경험이 공감 가는 스토리를 만든다 75
- 요약/실전연습 86

3장 주인공 89

- 주인공의 두 가지 유형 **91**
- 주인공의 세 가지 요건 **98**
- 매력적인 주인공 만들기 **106**
- 요약/실전연습 **108**

4장 적대자 111

- 악당이 아닌 적대자 **113**
- 매력적인 적대자 만들기 **115**
- 적대자가 없는 스토리 만들기 **128**
- 요약/실전연습 **132**

5장 조력자 135

- 이름 없는 조력자는 스토리의 정서를 만든다 **137**
- 조력자는 주인공의 성장을 돕는다 **140**
- 조력자의 한계 **143**
- 적대자를 조력자로 전환하라 **146**
- 요약/실전연습 **150**

6장 사건과 드라마 153

- 갈등: 사건을 일으키는 에너지 155
- 사건: 스토리를 움직이는 힘 164
- 드라마: 완결성을 갖춘 스토리 171
- 요약/실전연습 175

7장 지브리의 구조 179

- 스토리의 구조란 무엇인가 181
- 지브리의 구조 분석하기 188
- 1막(설정부): 새롭고 낯선 세계 195
- 2막(대립부): 대위기 197
- 3막(해결부): 더블 클라이맥스와 결말 200
- 요약/실전연습 215

8장 세계관 219

- 지브리 같은 세계관 만들기 221
- 왓이프적 상상력을 발휘하라 228
- 공간이 만들어내는 이야기 232
- 요약/실전연습 236

9장 표현 239

- 신은 디테일 속에 있다 241
- 공감각적으로 표현하라 245
- 관성적인 표현을 거부하라 247
- 창작하고 있는 매체의 힘을 믿어라 250
- 🖋 요약/실전 연습 256

10장 주제 259

- 스토리의 시작과 끝, 주제 261
- 미야자키 하야오의 영화와 주제의식 264
- 주제의식과 스토리의 균형을 잡아라 271
- 주제를 드러내는 세 가지 방법 274
- 스토리 속에서 자연스럽게 자라나는 주제 277
- 🖋 요약/실전 연습 280

에필로그 282

- 생성AI의 시대의 스토리텔링 282
- 자전거 보조 바퀴 285

영화 목록 287

"아직 연마되지 않은 자연 그대로의 원석.

그 자체로도 아름답지만,

악기를 만들거나 글을 쓰는 건 달라.

자기 안의 원석을 갈고 다듬어야 하지."

— 〈귀를 기울이면〉, 시로

1장

지식

능동적으로 감상하라

미야자키 하야오의 작품들을 보고 있노라면 그의 독창성에 경탄하게 된다. '상상력의 거장'이란 별명에 걸맞게, 미야자키 하야오의 독특하고 아름다운 세계관은 그의 세계가 어디까지 뻗어나갈 수 있을지 궁금해지게 만든다. 하지만 많은 사람들이 그에 대해 오해하는 점이 하나 있다. 그가 이처럼 심미적이고 독창적인 세계를 아무것도 없는 데서 마법처럼 떠올려냈다는 환상을 품는 것이다. 마치 천재라면 다른 사람들의 작품에서 영향을 받을 리가 없다는 듯이 말이다. 하지만 이것은 잘못된 생각이다.

미야자키 하야오가 가진 창조성의 비결 중 하나는 다른 작품을 왕성하게 흡수하는 능력이다. 미야자키 하야오의 독창적인 세계는 그가 혼자 만들어낸 것이 아니다. 다른 작품의 영향을 받아 그것을 자신의 것으로 재창조한 결과물이기 때문이다. 이를 잘 보여주는 일화가 하나 있다.

지브리의 프로듀서 스즈키 토시오鈴木敏夫에 따르면, 미야자키 하야오에게는 매년 여름 휴가마다 동료들과 함께 놀러 가는 별장이 한 채 있다고 한다. 이 별장의 특이한 점은 전화선도 없고 신문도 오지 않는다는 것이다. 스즈키 토시오의 표현을 빌리자면 '그야말로 속세와 동떨어진 환경'이었다.

그곳에서 휴가를 보내던 미야자키 하야오는 밤이 되고 아무것도 할 게 없자, 방을 뒤져서 찾은 만화 잡지 몇 권을 그 자리에서 읽었다. 그리고 잡지에 나온 만화 하나를 주변 동료들에게도 읽게 했는데, 그 만화가 바로 훗날 지브리에서 영화로 만들게 되는 〈귀를 기울이면〉이었다. 그가 발견한 잡지에는 이 작품이 2화까지만 연재되어 있었기 때문에 이어지는 내용은 알 수가 없었다. 이에 미야자키 하야오와 스즈키 토시오는 앞으로 전개될 내용을 상상해 이야기를 주고받으며 시간을 보냈다. 휴가를 마치고 돌아온 미야자키 하야오는 〈귀를 기울이면〉의 이어지는 내용을 읽게 되었는데, 뒷부분을 보다 화를 내며 이렇게 소리쳤다고 한다.

"이야기가 다르잖아!"[1]

원작의 내용도 부정할 정도로 작품 속 세계를 자신의

방식으로 또렷이 재구성해 됐던 것이다.

비슷한 일화가 하나 더 있다. 미야자키 하야오는 나카가와 리에코中川李枝子가 쓴 단편소설집《싫어 싫어 유치원》을 읽고 큰 감명을 받았다. "아이들도 미처 알지 못하는 아이들 일이 쓰여 있는 점" 때문이었다.[2] 그는 이후 〈벼랑 위의 포뇨〉를 제작할 때 이 소설집을 중요한 레퍼런스로 삼고 어렸을 적 이 책을 읽은 지브리 직원들과 함께 이 작품을 어떻게 기억하는지 이야기하는 시간을 가졌다. 이는《싫어 싫어 유치원》이 어떻게 아이들에게 강렬한 인상을 남기는지를 이해하기 위한 노력이었다. 이때 직원들이 이야기한 감상은 미야자키 하야오의 방식으로 흡수되어 〈벼랑 위의 포뇨〉에 적극적으로 반영되었다.

이것이 바로 미야자키 하야오가 작품을 감상하는 방법이자, 그가 가진 독창성의 비결 중 하나다. 작품을 그대로 받아들이고 끝내는 것이 아니라, 그것을 자기식으로 소화

---

1 스즈키 토시오, 이선희 옮김,《지브리의 천재들: 전 세계 1억 명의 마니아를 탄생시킨 스튜디오 지브리의 성공 비결》, 포레스트북스, 2021.
2 미야자키 하야오, 송태욱 옮김,《책으로 가는 문: 이와나미 소년문고를 말하다》, 현암사, 2013.

해 자기만의 세계를 만든 뒤 그 세계에서 인물들이 자유롭게 움직이게 하는 것이다. 전자가 수동적 감상이라면 후자는 능동적 감상이라 할 수 있다. 결국 미야자키 하야오가 가진 독창성의 비결은 이런 능동적 감상이라고 해도 과언이 아니다. 잡지에 연재된 〈귀를 기울이면〉을 보는 동안 미야자키 하야오의 내면에는 또 다른 〈귀를 기울이면〉이 만들어졌고, 이는 그가 기획, 제작, 각본을 맡은 지브리판 〈귀를 기울이면〉으로 이어졌다. 마찬가지로 《싫어 싫어 유치원》을 보는 동안 미야자키 하야오의 내면에는 새로운 세계가 싹트기 시작했고, 이는 훗날 〈벼랑 위의 포뇨〉에 큰 영향을 미쳤다. 능동적 감상의 중요성을 강조하는 미야자키 하야오의 말을 들어보자.

> "《셜록 홈즈의 모험》을 책으로 보는 것과 영화로 보는 것은 전혀 다른 일입니다. 꼭 책으로 먼저 읽어야 합니다. 문자로 읽었을 때의 놀라움을 영상으로 옮기면 별 볼 일 없는 것이 되어버리기 일쑤입니다. 언어로 읽는 것의 재미가 훨씬 강렬합니다. 어떤 무대인가, 어떤 풍경인가 스스

로 생각하는 동안에 무엇인가와 만날 수 있습니다."[3]

 ## 스토리의 계보를
파악하라

'독창적'이라고 하면 어떤 이미지가 떠오르는가? 많은 사람이 그 누구도 떠올린 적 없는 새로운 아이디어를 떠올릴 것이다. 이전에 없었던 생각이나 아이디어만이 독창적이라고 여기는 것이다. 이런 믿음은 외부의 영향을 받지 않기 위해 다른 사람이 만든 작품을 보지 않으려는 태도를 낳기도 한다.

하지만 이는 완전히 잘못된 믿음이라고 단언할 수 있다. 독창적이라는 것은 기존의 것에 색다른 관점을 더하는 것이지, 세상에 존재한 적 없던 것을 갑자기 뚝딱 만들어낸다는 의미가 아니기 때문이다. 훌륭한 스토리텔러가 되고자 한다면 이런 잘못된 신화에 빠지는 것을 경

---

3 최원석, 〈제 작품 50번이나 본다고요? 49번 볼 시간에 다른 경험하세요〉, 《위클리 비즈》, 2013.10.5.

계해야 한다. 혼자만의 힘으로 역사상 아무도 발견한 적 없는 새로운 것을 떠올리는 일은 매우 어려울 뿐만 아니라, 스토리텔링에 있어서 가장 중요한 요소 중 하나가 '공감'이기 때문이다.

스토리가 성공적으로 전달되기 위해서는 듣는 사람이 공감할 수 있어야 하고, 공감하기 위해서는 익숙한 요소가 필요하다. 인간은 본능적으로 낯설고 새로운 것을 경계하기 때문에, 낯선 것으로만 가득한 스토리는 거부감을 불러일으키기 쉽다.

스토리의 계보가 중요한 이유가 바로 이것이다. 여기서 말하는 계보란 영향을 주고받은 관계를 의미한다. 쉽게 예를 들자면, 미야자키 하야오의 출세작 〈바람계곡의 나우시카〉는 프랭크 허버트Frank Herbert의 SF《듄》시리즈의 영향을 받았으므로《듄》의 계보 아래에 있다고 할 수 있다(두 작품이 주고받은 관계에 대해서는 뒤에서 자세히 설명할 것이다). 〈붉은 돼지〉와 〈하울의 움직이는 성〉은 동화《미녀와 야수》의 영향을 짙게 받았기 때문에《미녀와 야수》의 계보 아래에 있다고 할 수 있다.

물론 다른 작품의 영향을 받는 것에는 주의가 필요하다. 다른 작품의 영향을 받되, 그것을 단순히 모방하는

32

수준에 그쳐서는 안 된다. 이는 표절로 이어질 수 있기 때문이다. 그렇기에 영향을 받은 작품, 즉 계보의 위에 있는 작품을 흡수해 자기만의 방식으로 재창조하는 과정을 반드시 거쳐야 한다. '나라면 어떻게 했을까?'라는 질문을 던져보는 것이다. 이 과정을 훌륭하고 좋은 작품에서만 거칠 필요는 없다. 정말 싫었던 작품이 있다면 그 작품의 무엇이 싫었는지 생각해보고, 나라면 어떻게 했을지 고민해보자.

앞서 말한 〈붉은 돼지〉가 《미녀와 야수》를 어떻게 독창적으로 재해석했는지 살펴보자. 〈붉은 돼지〉의 주인공 포르코는 《미녀와 야수》 속 야수에 해당되는 캐릭터다. 하지만 극중에서 야수가 된 배경이 설명되는 야수와 달리, 포르코가 돼지가 된 경위는 전혀 드러나지 않는다. 야수는 저주에서 벗어나 인간이 되려는 욕망으로 가득하지만 포르코는 인간으로 돌아가고 싶다는 욕망을 내비치지 않는다. 도리어 "파시스트가 되느니 돼지로 사는 게 나아"라며 초연한 태도를 보이기까지 한다. 포르코의 이러한 면모는 《미녀와 야수》와는 다른, 〈붉은 돼지〉만의 독창적인 요소가 된다.

한편 한 작품에서만 과도하게 영향을 받는 것은 경계

해야 한다. 아무리 창조적으로 영향을 받는다 하더라도 독창성이 떨어질 수 있기 때문이다. 다양한 작품에서 영감을 얻어 이를 조화롭게 융합하는 것이 더 풍부하고 독창적인 작품을 만들어내는 비결이다.

앞서 미야자키 하야오의 〈바람계곡의 나우시카〉가 《듄》 시리즈의 영향을 받았다고 언급했지만, 이 영화에 영향을 준 작품은 이 시리즈만 있는 게 아니다. 호메로스 Homeros의 서사시 《오디세이아》, 일본 고전 단편소설 〈벌레를 사랑한 아씨〉* 등 다양한 작품의 영향을 받아 탄생한 작품이 〈바람계곡의 나우시카〉이기 때문이다. 이처럼 다른 작품에서 받은 영향을 창작에 활용하는 것은 중요하다. 그럼 지금부터 그 방법을 자세히 파고들어 가보자.

* 일본 최초의 단편소설집이라 여겨지는 《쓰쓰미추나곤 이야기》에 수록된 열한 편의 단편 중 하나로, 높은 버슬아치의 딸이지만 당대의 여자라면 꼭 따라야 했던 거추장스러운 인습을 거부하고 들판을 뛰어다니며 벌레에만 관심을 쏟는 여인의 이야기를 담고 있다.

다른 작품을
창작에 활용하는 방법

자기만의 주제의식을 가져라

자신의 스토리를 창작할 때 다른 작품의 영향을 받으면서도 독창성을 유지하는 데 가장 중요한 것은 자기만의 주제의식을 갖는 것이다. 이는 창작자가 되는 첫 걸음이기도 하다. 모든 작품에 주제가 있듯이, 모든 창작자는 주제의식을 가져야 한다.

먼저 주제와 주제의식을 명확히 정의하고 넘어가자. 주제는 스토리 전체를 관통하는 중심 생각이나 메시지를 의미한다. 즉, 스토리를 통해 전달하고자 하는 바가 주제다. 미야자키 하야오의 대표작 〈모노노케 히메〉를 예로 들자면, 이 영화의 대표적인 주제는 '인간과 자연 사이의 공존 가능성에 대한 모색'이다(물론 이것이 〈모노노케 히메〉의 유일한 주제라는 건 아니다. 이 영화는 '역사에서 소외된 민중의 재발견'부터 '일본 근대화에 대한 비판'까지 다양한 주제를 품고 있기 때문이다. 일반적으로 하나의 스토리는 몇 가지 주제를 가지며, 한 스토리가 하나의 주제만 갖는 경우가 더욱 드물다).

반면에 주제의식은 스토리를 통해 특정 주제를 전달

하려는 의도나 목적을 의미한다. 즉, 주제를 선택해 스토리 속에 그 주제를 구현하려는 창작자의 의지가 바로 주제의식이다. 예를 들어 미야자키 하야오가 〈모노노케 히메〉에서 '인간과 자연 사이의 공존 가능성에 대한 모색'이라는 주제를 드러낸 이유는 그가 '생태주의*'라는 주제의식을 가지고 있기 때문이다. 이처럼 '주제의식'은 창작자의 근본적인 사상과 가치관을 반영하며, 이는 작품 속에서 구체적인 '주제'로 구현된다.

창작자가 되는 첫걸음이 자기만의 주제의식을 가지는 것인 이유는 그것이 다른 작품을 받아들이고 흡수하는 데 중요하기 때문이다. 〈바람계곡의 나우시카〉가 《듄》 시리즈를 어떻게 흡수했는지를 통해 주제의식의 중요성을 살펴보자.

〈바람계곡의 나우시카〉의 배경은 인간에게 적대적으로 변한 미래 세계다. 지구 생태계는 독성 포자를 내뿜는 버섯과 곰팡이로 이루어진 숲 '부해'와, '오무'를 포함한

---

* 인간과 자연의 조화로운 공존을 추구하며, 자연환경의 보호와 존중을 중요시하는 사상이나 운동. 인간 중심적인 사고에서 벗어나 자연 생태계의 균형과 지속 가능성을 강조하며, 환경 파괴와 자원 고갈 등의 문제를 해결하기 위한 방안을 모색한다.

거대한 벌레들이 장악하고 있다.《듄》시리즈는 사막 행성 아라키스를 배경으로 한다. 아라키스는 물이 부족한 극한의 환경이라 인간이 살기에 적합하지 않으며, '샤이 훌루드'라 불리는 거대한 모래벌레가 생태계를 장악하고 있다. 둘 사이의 공통점이 느껴지는가? 두 작품 모두 인간이 살기에 적합하지 않은 극한의 세계가 배경이며, 인간의 공포와 경외의 대상인 거대 벌레가 등장한다. 이뿐만이 아니다. 〈바람계곡의 나우시카〉의 주인공 나우시카와《듄》시리즈의 주인공 폴 아트레이데스 모두 예언에 따라 인류의 메시아가 되었다가, 결말에서는 구원자이자 파괴자로 거듭난다.

이러한 공통점에도 불구하고 〈바람계곡의 나우시카〉가《듄》을 모방했다고 여기는 사람은 많지 않다. 〈바람계곡의 나우시카〉가《듄》의 영향을 받은 작품이라고 하면 고개를 갸우뚱하는 사람이 더 많을 것이다. 이는 〈바람계곡의 나우시카〉가《듄》과는 다른 결을 가진 독창적인 작품으로 인정받고 있다는 뜻이기도 하다.

이러한 독창성을 가능하게 한 핵심 요소가 바로 '주제의식의 차이'다. 두 창작자는 서로 다른 주제의식을 가졌고, 이는 두 작품이 서로 차별화되는 요소들을 갖게 만든다. 프랭크 허버트의 주요 주제의식은 반영웅주의다. 이는 '영웅은 위험한 존재이고, 영웅을 우상화하는 종교는 사람들을 통제하기 위한 프로파간다'라는 《듄》의 주제로 이어진다.

반면 미야자키 하야오의 주요 주제의식은 반전주의, 생태주의, 여성주의 등으로 정리할 수 있다. 이러한 주제의식의 차이는 《듄》과 차별되는 〈바람계곡의 나우시카〉만의 개성을 만들어낸다. 예를 들어 미야자키 하야오의 여성주의적인 주제의식은 당대 애니메이션에서는 흔치 않게 여성 주인공을 전면에 내세우는 것으로 이어졌고, 이는 백인 남성을 주인공으로 세운 《듄》과 뚜렷한 대비를 이룬다.

이렇듯 자기만의 주제의식이 있다면 다른 작품의 영향을 받더라도 독창적인 작품을 만들 수 있다. 주제의식은 창작자가 스토리를 통해 무엇을 전하고 싶은지와도 연결되는 중요한 것이므로, 창작자는 자신만의 주제의식을 찾고, 벼리고, 발전시키는 일을 게을리해선 안 된다.

다양한 작품을 접하며 지식을 축적하라

독창적인 작품을 만드는 데 주제의식만큼이나 중요한 것은 다양한 작품을 접하며 지식을 쌓는 것이다. 훌륭한 주제의식을 가졌음에도 아이디어를 얻지 못해 작품을 만들지 못하는 경우도 많다. 그런데 지식 없이는 아이디어가 발생하지 않을 뿐더러, 주제의식도 사실은 지식에서 비롯된다. 그러니 스토리텔러가 되려는 사람이라면 반드시 한 번은 닥치는 대로 지식을 축적하는 시기를 거칠 필요가 있다. 그리고 그것을 일시적인 것으로 끝내지 않고 평생에 걸쳐 지속되는 습관으로 만들어야 한다.

미야자키 하야오도 물론 이런 시기를 거쳤다. 그의 독서 에세이 《책으로 가는 문》에는 미야자키 하야오가 첫 애니메이션 스튜디오에 막 입사했을 무렵의 일화가 소개된다. 애니메이터로 일하다 보면 언젠가는 영화 기획을 제안받게 될 거라는 생각에 그는 회사에 있던 세계문학 전집을 포함한 다양한 책을 닥치는 대로 읽어나갔다고 한다.[4] 이때 흡수한 작품들이 이후 미야자키 하야오

---

4 미야자키 하야오, 송태욱 옮김,《책으로 가는 문: 이와나미 소년문고를 말하다》, 현암사, 2013.

의 작품 세계에 폭넓은 영향을 주었다는 사실은 그의 작품을 통해 여러 차례 확인된다. 미야자키 하야오의 영화를 분석해봐도 놀랄 만큼 다양한 작품의 영향을 찾을 수 있다. 지금부터 그의 영화에서 발견되는 작품들을 일부만 살펴보자.

- **고대 그리스의 신화와 서사시:** 〈바람계곡의 나우시카〉 속 '나우시카'의 이름은 호메로스의 서사시 《오디세이아》에 등장하는 공주에게서 따온 것이다. 〈센과 치히로의 행방불명〉의 결말에서 하쿠는 치히로에게 '뒤돌아보지 마'라고 말하며 퇴장하는데, 이는 오르페우스와 에우리디케의 신화를 차용한 것이다. 〈센과 치히로의 행방불명〉에서 치히로가 오물신을 정화하는 장면이 헤라클레스의 열두 과업 중 하나인 아우게이아스왕의 우리 청소*에서 따온 것이라는 일부 주장도 있다.

- **19세기 오페라:** 〈벼랑 위의 포뇨〉의 주인공 포뇨는 소

---

* 30년간 청소한 적 없는 3000마리의 가축 우리를 청소하는 시련. 헤라클레스는 알페이오스강과 페네이오스강의 물줄기가 우리를 통과하게 만들어 하루만에 청소를 끝마친다.

스케에게 '포뇨'라는 이름을 받기 전까지 '브륜힐데'라는 이름을 가지고 있었다. 이 이름은 독일 작곡가 리하르트 바그너의 오페라 〈니벨룽의 반지〉에 등장하는 발키리[**]에게서 따온 것이다. 〈모노노케 히메〉는 특정 민족의 신화를 차용해 스토리를 만든 점 등 전반적인 구성에 있어 〈니벨룽의 반지〉의 영향을 받았다.

- **일본의 민족 신화**: 〈모노노케 히메〉는 일본 북방의 선주민 아이누족의 신화를 차용한 것으로 알려져 있다. '레타르 세타'라 불리는 이 신화는 한 남자가 하얀 개 혹은 늑대와 사랑에 빠져 세 아이를 낳고 살았다는 이야기를 담고 있다.

- **어린이 문학**: 미야자키 하야오는 어린이 문학가 이시이 모모코와 나카가와 리에코를 '대선배'라 칭하며 깊은 존경심을 표했으며, 〈벼랑 위의 포뇨〉를 만들 때 두 사람의 작품을 중요한 레퍼런스로 삼은 것으로 알려져 있다. 〈벼랑 위의 포뇨〉에서는 주인공 소

[**] 북유럽 신화에 나오는 여전사들로, 전장을 돌아다니며 용맹한 전사의 영혼을 거두어 가는 저승사자의 역할을 수행한다.

스케가 다니던 유치원이 바다에 잠기는 전개가 나오는데, 이 장면은 나카가와 리에코의 단편소설집 《싫어 싫어 유치원》에서 따온 것이다.

- **고전 영화와 애니메이션**: 여러 고전 영화 중에서도 레프 아타마노프 감독의 〈눈의 여왕〉과 폴 그리모 감독의 〈왕과 새〉는 미야자키 하야오에게 깊은 영향을 미쳤다. 그 영향은 〈바람계곡의 나우시카〉, 〈센과 치히로의 행방불명〉을 비롯한 그의 모든 영화에서 발견된다고 해도 과언이 아니다. 일례로 〈천공의 성 라퓨타〉 속 고대 문명 라퓨타는 〈왕과 새〉의 타키카르디아 왕국과 무척 비슷한 풍경을 갖고 있다.

사실 미야자키 하야오에게 영향을 미친 작품은 따로 책을 한 권 더 써야 할 정도로 방대하다. 그만큼 미야자키 하야오는 다양한 작품을 적극적으로 흡수하고 그것을 자신의 작품에 활용할 줄 아는 창작자다.

그런데 여기서 이런 궁금증이 생길 수 있다. 다양한 작품을 접하며 지식을 축적하는 게 중요하다는 것은 알겠지만, 그것을 어떻게 접하는 게 효과적일까?

작품의 모티프를 분석하라

내가 제시하는 가장 효과적인 방법은 작품을 접할 때 그것의 모티프motif를 분석하는 것이다. 모티프는 모티브motive와 혼동되기 쉬운 개념이니 우선 둘의 차이를 명확히 구분하고 넘어가자.

먼저 모티브는 작품을 창작하게 되는 계기를 의미한다. 다시 말해 창작자의 머릿속에 '꽂힌' 무언가로, 창작의 시발점이다. 미야자키 하야오가 '다리 달린 성이 들판을 걸어다니는 이미지'에 매료되어 〈하울의 움직이는 성〉을 기획하기 시작했다고 가정해보자. 이 경우 '다리 달린 성이 들판을 걸어다니는 이미지'가 곧 이 영화의 모티브다.

반면에 모티프는 러시아 형식주의 비평에서 발전된 용어로, 더 이상 분해가 불가능한 스토리의 주제나 패턴, 이미지 등을 의미한다. 문학, 미술, 영화 등 다양한 예술 장르를 접하다보면 여러 스토리에서 반복되는 설정을 찾을 수 있는데, 이것을 떠올리면 쉽다. 특정 작품에 다른 작품에서도 흔히 찾아볼 수 있는 공통된 요소가 있다면 그게 바로 모티프다. 대표적인 모티프로는 '집을 떠난 주인공의 모험', '사랑에 빠져 도망치는 연인' 등이 있는데, 아마 많은 이들이 한 번쯤 접한 적 있는 내용일 것이다.

그럼 이제부터 〈하울의 움직이는 성〉의 모티프를 분석해보자. 주인공 소피는 황야의 마녀라는 사나운 마녀를 만나 노인이 되는 저주에 걸리지만, 하울과의 진실된 사랑을 통해 그 저주를 벗어나게 된다. 여기서 우리는 '진실된 사랑을 통한 저주의 치유'라는 모티프를 발견할 수 있다. 이는 《미녀와 야수》,《개구리 왕자》,《잠자는 숲 속의 공주》 같은 동화에서 쉽게 발견할 수 있는 모티프이며, 이런 작품들을 두고 '같은 모티프를 공유한다'고 표현한다.

〈하울의 움직이는 성〉에서 발견할 수 있는 또 다른 모티프는 '마법의 성' 모티프다. 제목에서부터 알 수 있듯이, 이 영화에는 마법을 통해 두 다리로 걸어다니는 성이 등장한다. 이 모티프를 공유하는 대표적인 작품으로는 《미녀와 야수》가 있는데, 이 동화 속 야수의 성 곳곳에도 마법이 깃들어 있다. 〈천공의 성 라퓨타〉도 관점에 따라 이 모티프를 공유하는 작품으로 볼 수 있다.

독창적인 스토리를 만들기 위해서는 다양한 작품을 접하며 가능한 많은 모티프를 분석하고 익히는 것이 중요하다. 단순히 모티프를 아는 데에서 그쳐선 안 된다. 모티프를 자유자재로 활용할 수 있도록 다양한 모티프를 체득하는 것이 중요하다. 그래야 비로소 자신만의 관점과 주제의식을 담은 스토리를 만들 수 있게 되기 때문이다.

〈하울의 움직이는 성〉으로 돌아가보자. 앞서 분석한 '진실된 사랑을 통한 저주의 치유'와 '마법의 성'이라는 모티프는 디즈니 애니메이션에서 반 세기 가까이 우려먹은 진부한 모티프들이다. 하지만 미야자키 하야오는 자칫 진부해지기 쉬운 모티프들을 자유자재로 비틀면서 색다른 재미를 부여한다. 일례로 '진실된 사랑을 통한 저주의 치유'라는 모티프 측면에서 〈하울의 움직이는 성〉을 돌아보자. 《미녀와 야수》 속 야수는 진실된 사랑을 통해서만 저주를 풀 수 있지만 사랑이 무엇인지 이해하지 못한다. 아름답고 지혜로운 주인공 벨은 야수에게 진실된 사랑이 무엇인지 알려주고, 마침내 야수는 저주에서 벗어나 인간이 된다. 반면 〈하울의 움직이는 성〉은 《미녀와 야수》를 연상시키면서도 이를 교묘하게 비튼다. 저주에 걸려 노파가 된 소피는 저주를 풀기 위해 무작정 아름다운 외모를 가진 강력한 마법사 하울을 찾아간다. 하지만 이 세계는 '저주에 걸린 사람은 그 저주에 대해 말할 수 없다'는 규칙이 있는 세계라 소피는 하울에게 자신의 사정을 전하지 못한 채 전전긍긍한다.

소피는 하울과 함께 지내는 동안 그의 다양한 모습을 보면서 자연스레 사랑에 빠진다. 그러다 소피는 충격적인 사실을 알게 되는데, 아름다운 마법사인 줄만 알았던 하울 또한 저주에 걸려 괴물이 되어가고 있던 것이다. 하울의 저주를 풀기 위해서는 하울과 캘시퍼 사이에 이루어진 계약의 비밀을 알아내야만 하는 상황. 소피는 마법의 힘으로 시간을 거슬러 올라가 하울이 별을 삼켜 캘시퍼와 계약을 했다는 비밀을 알아내어 하울의 저주를 푸는 데 성공한다.

미야자키 하야오는 이 영화가 '저주에 걸린 소피가 진실된 사랑으로 저주를 벗어나는 이야기'인 것처럼 보이게 만든 후, 사실은 '저주에 걸린 하울이 소피의 사랑을 통해 저주를 벗어나는 이야기'였다는 반전을 주어 모티프를 흥미롭게 변주한다. 또한 《미녀와 야수》와의 대비를 통해 아름다움과 추함처럼 '보이는 것만이 전부는 아니다'라는 주제까지 자연스럽게 전달한다. 이처럼 익숙한 것의 변주는 보는 이들에게 색다른 재미를 주는 동시에 작품의 주제를 전달하는 한 방법이 되기도 한다.

　모티프 분석이 중요한 이유는 이뿐만이 아니다. 모티프는 스토리의 계보를 추적하는 데에도 유용하다. 앞서 미야자키 하야오가 영향을 받았거나, 받은 것으로 추측되는 다양한 작품을 살펴봤는데, 이러한 스토리의 계보를 파악할 때 가장 중요하게 사용되는 것이 바로 모티프 분석이다. 일례로 〈센과 치히로의 행방불명〉이 오르페우스와 에우리디케 신화의 영향을 받았다는 것을 알 수 있는 이유는 '산 자의 저승 여행'이라는 모티프를 공유하고 있기 때문이다(물론 모티프 분석이 스토리 계보 추적의 유일한 도구는 아니라는 점은 짚고 넘어갈 필요가 있다. 스토리의 계보를 추적할 때 모티프 분석뿐 아니라 다양한 도구가 함께 동원되지 않으면 비약에 빠질 수 있다는 것을 명심해야 한다).

　지금까지 다른 작품을 창조적으로 흡수하며 지식을 쌓는 법을 살펴보았다. 하지만 이것만으로는 어딘가 부족하다. 미야자키 하야오는 한 인터뷰에서 독창성의 비결이 '독서와 다양한 체험'이라고 말했다. 이토록 간결하면서도 명료한 대답이 또 있을까? 지금까지 우리는 미야자키 하야오가 가진 독창성의 비결을 다른 작품, 즉 '독서'의 축에서 살펴보았다. 이제부터 그가 가진 독창성의 또 다른 축, '다양한 체험'에 대해 알아보자.

다양하게 경험하고
체험하라

직접적인 경험과 체험을 통해 세상을 배워야 한다는 생각은 미야자키 하야오의 중요한 주제의식 중 하나다. 그는 아이들이 세상 밖으로 나가 시각, 청각, 후각, 촉각과 같은 다양한 감각을 활용해 세상을 경험하길 바라는 마음에서 〈이웃집 토토로〉를 기획했다고 밝힌 바 있다. 그런데 이 영화가 '부모라면 아이들에게 반드시 보여줘야 할 애니메이션'으로 인기를 얻은 후, 한 어머니에게 이런 말을 듣게 된다. "우리 애가 〈이웃집 토토로〉를 너무 좋아해서 60번을 넘게 봤어요."

이 말을 들은 미야자키 하야오는 기쁘기보다는 착잡했다고 한다. 그의 기획 의도와는 달리 〈이웃집 토토로〉 때문에 아이들이 화면 속 세계에 빠져 세상을 직접 경험하지 못하게 되었다는 모순을 느꼈기 때문이다. 미야자키 하야오는 시각과 청각만을 이용해 간접적으로 경험할 수밖에 없는 영화에 아이들을 빠뜨렸다는 생각에 '괜한 짓을 했구나' 하고 후회했다고 한다. 그는 한 인터뷰에서도 비슷한 이야기를 듣고는 이렇게 대답한다.

> "제 작품을 50번 보는 대신 나머지 49번은 다른 경험을 해야죠. 반복해서 보는 49번의 시간에 무언가 잃고 있는 겁니다. 특히 어린이라면 뭔가 새로운 것을 경험할 기회를 놓치는 겁니다."[5]

이처럼 그가 간접 경험에 매몰돼 현실에서의 체험을 등한시해서는 안 된다는 주제의식을 갖고 있기 때문일까, 〈이웃집 토토로〉, 〈센과 치히로의 행방불명〉, 〈그대들은 어떻게 살 것인가〉에는 한 가지 공통된 모티프가 존재한다. 그것은 '모험을 마친 주인공이 모험에서 경험한 비현실적인 경험을 잊게 된다'는 모티프다. 〈이웃집 토토로〉와 〈센과 치히로의 행방불명〉에서는 이러한 모티프가 비교적 모호하고 불분명하게 나타나는 반면, 〈그대

---

5 최원석, 〈제 작품 50번이나 본다고요? 49번 볼 시간에 다른 경험하세요〉, 《위클리 비즈》, 2013.10.5.

들은 어떻게 살 것인가〉에서는 작중 인물 왜가리의 대사를 통해 직접적으로 전달된다. '여기서 경험한 것들을 모두 잊어야 올바르게 자랄 수 있다'고 말이다. 현실과 동떨어진 경험을 한 어린이는 환상의 세계에 빠져 현실에 적응하지 못하고 자기 세계에 함몰될 수 있기 때문에, 비현실적인 모험의 기억은 잊어야 한다는 것이다.

독서도 마찬가지다. 미야자키 하야오는 독서의 중요성을 강조하면서도 독서에만 지나치게 빠져드는 것을 경계한다. 그의 책 《책으로 가는 문》에서 미야자키 하야오는 자신의 독서관을 이렇게 표현한다.

"한 권의 소중한 책만 있으면 된다."

자신에게 소중히 와닿는 한 권의 책을 찾아 가슴에 품고, 직접 세상을 경험하면서 살아가라는 조언이다. 이는 영화 〈그대들은 어떻게 살 것인가〉의 중요한 주제이기도 하다. 영화의 결말에서 주인공 마히토는 어머니가 유품으로 남긴 한 권의 책 《그대들, 어떻게 살 것인가》를 품고 세상 밖으로 나아간다.

미야자키 하야오가 이토록 다양한 체험과 직접 경험을

강조하는 이유는 무엇일까? 그 이유는 창작물이 고유한 삶의 경험에서 비롯되기 때문이다. 미야자키 하야오의 영화에서 쉽게 발견할 수 있는 모티프 중 하나는 '낯선 환경에 적응할 때의 긴장과 어려움'이다. 대표적으로 〈마녀 배달부 키키〉와 〈센과 치히로의 행방불명〉에서 이 모티프가 발견된다. 그런데 미야자키 하야오에게도 이와 비슷한 경험이 있다는 것을 알고 있는가? 애니메이터가 된 후 자료 조사를 위해 유럽으로 출장을 갔을 때, 태어나서 처음으로 해외에 나간 그는 너무 긴장한 나머지 손과 발이 함께 나가는 부자연스러운 자세로 다녔다고 전해진다.

이같이 그의 경험이 작품에 반영된 사례는 수도 없이 많다. 미야자키 하야오의 한 지인은 그가 동료들끼리 모여 외식을 할 때면 신이 나서 눈을 반짝거리며 밥을 먹는다고 전한다. 이 모습을 보고 있노라면 지브리 영화 특유의 맛깔난 식사 묘사가 어디서 유래된 것인지 이해할 수 있다면서 말이다.

다양한 체험과 경험이 필요한 이유가 바로 이것이다. 이야기가, 창작물이, 예술이 감동적인 이유는 그 바탕에 삶의 경험에서 비롯된 감정이 있기 때문이다. 고유한 삶의 경험에서 우러나온 감정이 청중에게 도달해 특정한 감정을 불러일으킨다는 것, 이것이 바로 이야기의 본질인 동시에 이야기가 가진 힘의 근원이다.

〈센과 치히로의 행방불명〉에서 치히로가 하쿠의 본명을 기억해내는 클라이맥스 장면을 떠올려보자. 유바바에게 이름을 빼앗겨 지배당하던 하쿠는 치히로가 그의 본명을 기억해냄으로써 지배에서 해방된다. 여기서 중요한 것은 치히로가 하쿠의 이름을 기억해낸 계기다. 어렸을 적 치히로는 강물에 떨어뜨린 신발을 주우려다 물에 빠져 죽을 뻔하는데, 당시 치히로가 빠진 강의 신이 그를 얕은 곳으로 보내 목숨을 구해준다. 시간이 흐르며 치히로는 이 사건을 자연스레 잊어버린다. 하지만 치히로가 하쿠의 등에 올라탔을 때, 그는 하쿠의 등에 탄 것이 이번이 처음이 아니라는 걸 깨닫고 이렇게 말한다.

> **치히로** 하쿠, 있지, 기억은 안 나지만 엄마한테 들은 이야기야. 내가 어렸을 때 강에 빠졌었는데 (…) 문득 생각이 났어. 그 강의 이름은…… 이름이 코하쿠 강이었어. 네 진짜 이름은 코하쿠야.

이 장면은 경험의 중요성을 강조하는 미야자키 하야오

의 주제의식이 정점에 달한 장면이다. 우리도 까맣게 잊고 있던 과거의 기억을 비슷한 풍경이나 냄새를 통해 떠올린 경험이 있지 않은가? 치히로가 코하쿠를 기억할 수 있었던 이유는 그것이 몸의 감각을 통한 경험이었기 때문이다. 이 장면은 두 주인공의 감동적인 클라이맥스를 만듦과 동시에 간접 경험보다 감각을 통한 직접 경험의 힘이 강하다는 것을 보여주는 명장면인 것이다.

공부를 하며 지식을 쌓거나 독서를 통해 간접 경험을 하는 것도 효과가 없는 것은 아니지만, 무엇보다 중요한 것은 여러 감각을 통한 직접적인 경험에 있다는 것을 항상 명심하자. 직접 경험을 통해 얻는 감각과 감정은 나만의 고유한 것이기에 창작의 직접적인 밑바탕이 될 것이다.

✏ 요약

- -

- 미야자키 하야오가 가진 독창성의 비결 중 하나는 스토리를 능동적으로 감상하는 것이다. 다시 말해 스토리를 표면적으로 받아들이는 것이 아니라 더 깊이 있고 창조적인 방식으로 해석하는 것이다.

- 능동적 감상의 한 가지 방법은 작품의 좋거나 나쁜 점을 분석해보고 그것을 자기식으로 소화해 작품 속 세계를 재구성하는 것이다. 자기만의 세계와 캐릭터들을 마음속에서 생생하게 그려내고, 그들의 동기와 감정을 상상하며 마음껏 움직이게 해보자.

- 독창성이란 이전에 없던 새로운 것을 만드는 것이 아니라 기존의 것에 새로운 관점을 더하는 것이다. 스토리가 관객의 공감을 받기 위해서는 익숙한 요소가 필요하다.

- 주제의식은 다른 작품을 흡수해 독창적인 스토리를 창작하기 위한 핵심 요소다. 여기서 주제의식이란 창작자가 작품을 통해 특정 주제를 전달하려는 의지와 가치관을 뜻한다.

- 지식을 축적하기 위해서는 다양한 작품을 접하면서 스토리의 모티프를 분석하고 익히는 것이 중요하다. 여기서 모티프란 여러 스토리에서 공통적으로 발견되는 주제나 패턴을 의미한다.

- 다양한 감각을 활용한 체험 또한 독창적인 스토리를 만들기 위해 중요한 요소다. 예술이 감동적인 이유는 삶의 경험에서 비롯된 감정이 그 바탕에 있기 때문이며, 이는 창작자의 다양한 경험 및 체험을 통해 형성된다.

✏️ 실전 연습

- -

1. 당신이 좋아하는 작품을 하나 골라 그 작품의 무엇이 좋았는지를 키워드화해 보자. 이를 당신의 스토리에 차용한다면 어떤 방식으로 활용할 수 있겠는가?

2. 당신의 주제의식에는 어떤 것들이 있는가? 이 주제의식들 간에 연관성이 있다면 무엇인가? 당신은 이런 주제의식으로 어떤 스토리를 만들고 싶은가?

3. 당신에게 가장 깊은 인상을 남긴 스토리, 혹은 당신의 스토리에는 어떤 모티프들이 있는가? 그와 같은 모티프를 공유하는 작품들을 찾아보자. 그 작품들과 다르게 모티프를 변주한다면 어떻게 바꿔볼 것인가?

4. 당신의 경험 중 스토리로 만들어보고 싶은 경험이 있다면 무엇인가? 그 이유는 무엇인가? 구체적으로 그 경험 속의 무엇을 표현하고 싶은가?

"난 비행기를 만드는 사람이다, 설계사다.
비행기는 전쟁의 도구도, 장사의 수단도
아니다. 비행기는 아름다운 꿈이고,
설계사는 꿈을 형태로 만드는 사람이다!"

— 〈바람이 분다〉, 카프로니 백작

2장

아이디어

상상과 발상으로
아이디어를 발전시켜라

〈붉은 돼지〉의 주인공 포르코는 자신이 모는 비행기가 고장 나자 단골 정비 회사 '피콜로'를 찾아가 수리를 맡기려 한다. 그런데 정비소 사장 피콜로의 남자 친척들이 모두 자리를 비운 바람에 열일곱 살짜리 손녀 피오가 수리 설계를 담당하고 있다는 소식을 듣게 된다. 나이도 어린 데다 여자인 피오에게 수리를 맡길 수 없다는 생각에 돌아서려는 포르코에게 피오가 대뜸 나타나 묻는다.

피오 훌륭한 파일럿의 첫 번째 조건이 뭐죠? 경력?

포르코는 피오의 당돌한 질문에 내심 당황하지만 곧 여유를 되찾고 이렇게 답한다.

포르코 아니, 영감inspiration이지.

포르코와 피오 사이의 이 문답은 스토리텔러들에게도

적용된다. 훌륭한 스토리텔러가 되기 위한 첫 번째 조건은 무엇일까? 분명한 건 경력은 아니다. 많은 경력이 뛰어난 스토리텔링을 담보하는 것은 아니며, 오히려 경력으로 인해 높아진 기대치가 창작에 장벽이 되기도 한다. 미야자키 하야오는 스토리텔링에 있어 영감, 즉 아이디어의 중요성을 다음과 같이 말한다.

> "표현하고자 하는 핵을 확실히 갖는 것이 중요합니다. 자신의 영향력과 표현력을 넓히겠다고 생각해야 합니다. 다듬어지지 않아도 좋아요. '이런 바보 같은 짓을 하다니, 이렇게 미숙한 실패를 하다니'라는 말을 들어도 좋아요. 잎을 피우는 필연의 힘을 가진 줄기만 있다면, 그 후 잎을 피우고 꾸미는 것은 서로 지혜를 짜내면 어떻게든 됩니다. 물론 최고의 이야기는 그러면서도 이파리와 그곳을 기어다니는 벌레들까지 생생하게 그리는 것이겠지만요."

다소 난해한 말이지만 요지는 '표현하고 싶은 아이디어가 중요하다'는 것이다. 아이디어(줄기)가 있다면 스토리(잎)는 자연스럽게 피어난다. 만들고 싶은 명확한 아이디어가 있다면 그 다음은 쥐어짜내다 보면 어떻게든 된다.

아이디어는 '상상'과 '발상'을 통해 스토리가 된다. 이 두 개념의 정의를 분명하게 짚고 가자. 상상은 현실에 존재하지 않는 것을 마음속으로 그려보는 행위다. 머릿속에 특정한 사물이나 상황을 떠올리거나, 실제로는 경험해보지 않은 일을 마음속으로 만들어내는 것이 곧 상상이다. 반면 발상은 어떤 문제의 해결책이나 창작 아이디어를 고안하는 사고 과정을 의미한다.

상상은 현실의 제약에서 벗어난 새로운 가능성의 세계를 열어준다. 하지만 상상만으로는 부족하다. 상상은 현실과 동떨어진 공상에 그치기 쉽기 때문이다. 이때 필요한 것이 바로 발상이다. 발상은 상상에서 한걸음 나아가 구체적인 계획이나 실천 방안으로 연결하는 과정이므로, 막연한 상상은 발상을 통해 구체적인 형태를 갖추게 된다.

독창적인 스토리를 만들기 위해서는 상상에서 출발해 발상으로 끌고 가는 힘이 매우 중요하다. 자유로운 상상을 통해 무한한 가능성을 탐색하고, 발상을 통해 구체적인 아이디어를 발전시켜 나갈 때 비로소 훌륭한 스토리가 탄생하게 된다.

그렇다면 '상상력의 거장' 미야자키 하야오는 어떻게 막연한 상상을 구체적인 발상으로 이끌어갈까? 그 답을 찾기 위해 지브리의 창작 프로세스를 살펴보자.

지브리의 비결, 이미지 보드를 활용하라

지브리 영화의 제작은 '어떤 영화를 언제까지 만들겠다'는 내용을 정리하는 '기획'에서 출발한다. 어떤 작품을 만들고 싶은지에 대한 대략적인 윤곽이 잡히고 나면 '이미지 보드'라는 것을 만들기 시작하는데, 이는 '영화나 애니메이션 기획 단계에서 제시하는 예상 완성도'라 할 수 있다.

지브리 외의 애니메이션 스튜디오에서는 이미지 보드 공정을 찾아보기 어렵다는 점에서 이것이야말로 지브리만의 개성적인 창작 공정이라 할 수 있다. 특히 미야자키 하야오가 직접 연출하는 영화는 각본 단계를 생략하고 곧장 그림 콘티로 들어가는 것이 관례화되어 있다. 영화

제작 공정에 대한 이해가 조금이라도 있는 사람이라면 각본 없이 영화를 만든다는 것이 얼마나 놀라운 일인지 알고 있을 것이다. 이를 가능하게 하는 비결 또한 이미지 보드다.

그렇다면 도대체 이미지 보드가 무엇이고, 어떤 방식으로 진행되기에 이런 공정이 가능한 것일까? 이미지 보드에 대해 조금 더 자세히 알아보자.

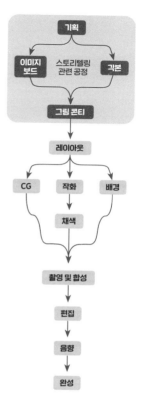

• 지브리의 창작 프로세스.

지브리 창작 프로세스의 핵심, 이미지 보드

이미지 보드를 쉽게 설명하자면 '애니메이션 기획을 위한 그림 메모'다. 스토리 기획 초기의 이미지 보드는 낙서에 가깝다. 머릿속에 떠오르는 다양한 이미지들을 그림으로 그려보면서 본인이 만들고 싶은 작품이 무엇인지 찾아가는 과정이라 할 수 있다.

지브리에서는 이미지 보드를 그리면서 막연한 상상을 정교하게 다듬어나간다. 〈모노노케 히메〉의 초기 이미지 보드를 찾아보면 우리가 알고 있는 영화 〈모노노케 히메〉와 차이가 크다는 것을 알 수 있다. 〈모노노케 히메〉의 주인공 아시타카는 초기 이미지 보드에서 중앙아시아 부탄족의 이미지를 빌려 굉장히 낯선 복식을 하고 있다. 하지만 뒤로 갈수록 아시타카의 외양은 우리에게 익숙한 영화 속 모습으로 변해간다. 이는 미야자키 하야오가 이미지 보드를 반복해 그리면서 아시타카의 이미지를 정교하게 만들어나갔다는 것을 보여준다.

　지브리의 이미지 보드 시스템을 연구한 창작자 겸 연구자 황의웅은 이 시스템을 "만들고 싶은 작품을 향한 무의식의 추적"이라 정의한다.[6] 이 책에서 저자는 미야자키 하야오가 이미지 보드를 그리는 방식을 다음과 같이 소개한다.

　1. 빨리 그린다.
　2. 많이 그린다.
　3. 반복해서 그린다.

빨리 그려야 하는 이유는 영감이 머릿속에 오래 머무르지 않기 때문이다. 영감이란 꿈과 같아서 시간이 지나면 금세 잊혀지고 만다. 그러니 기억에서 사라지기 전에 얼른 그림의 형태로 남겨야 한다. 많이 그려야 하는 이유는 그래야 영감이 자유롭게 발산될 수 있기 때문이다. 그림을 많이 그리다보면 새로운 아이디어가 생기기도 하는데, 이렇게 아이디어들이 모이다 보면 스토리 속 세계가 넓어지고 작품의 내용이 풍성해진다. 마지막으로 반복해서 그려야 하는 이유는 반복할수록 막연했던 상상이 구체적인 형태를 잡게 되기 때문이다. 이는 앞서 언급한 〈모노노케 히메〉의 사례에서도 알 수 있는데, 반복해서 그리다보면 자신이 추구하는 바가 무엇인지 정교해지면서 구체적인 형태를 찾을 수 있게 된다.

일본 애니메이션 산업 초기만 하더라도 이미지 보드 시스템을 활용하는 애니메이션 스튜디오를 찾는 것은 어렵지 않았다. 하지만 오리지널 작품을 기획하기보다 만화를 애니메이션화하는 것으로 산업의 방향성이 전환되면서 자연스레 이 시스템은 쇠퇴하고 말았다. 기획의

---

6 황의웅, 《미야자키 하야오는 이렇게 창작한다!》, 시공사, 2000.

중요성이 약화된 것이다.

하지만 지브리는 이런 흐름을 벗어나 다른 길을 걷는다. 원작 만화의 힘에 의존하는 대신 오리지널 작품을 기획하기 위한 시스템을 이어나가고 있는 것이다. 지브리에게 창작의 출발점은 원작이 아니라 자신들의 상상력이며, 이를 구현하기 위한 도구로서 이미지 보드를 활용한다. 이 시스템은 작가와 감독의 아이디어를 시각화하고 구체화해, 창의적이면서도 독창적인 작품을 만들어내는 토대가 된다.

그렇다면 이미지 보드가 실제 창작 과정에서 어떤 잠재력을 갖는지 살펴보자. 1998년, 미야자키 하야오는 〈모노노케 히메〉의 차기작으로 〈너저분한 거리의 리나〉라는 제목의 신작 기획에 들어갔다. 이후 그는 몇 장의 이미지 보드를 그렸지만 마음에 드는 아이디어가 나오지 않았는지 "어떤 매력이 있는지 잘 모르겠다"는 말을 끝으로 기획을 보류한다. 다음으로 들어간 기획은 〈굴뚝화가 린〉이었다. 이 작품은 목욕탕 굴뚝에서 그림을 그리는 스무 살 여성 '린'과 그의 앞길을 가로막는 중년 남자가 충돌하면서 벌어지는 대소동을 담을 예정이었다고 한다. 미야자키 하야오는 1년이 넘는 기간 동안 사무실

벽을 메우고도 남을 정도로 많은 이미지 보드를 그리며 의욕적으로 영화를 준비했다.

문제는 기획팀에서 이 기획을 탐탁치 않게 여겼다는 것이다. 그들이 보기에 성인 여성을 주인공으로 한 영화는 그다지 지브리다운 작품이 아니었다. 이런 우려가 미야자키 하야오에게 조심스럽게 전해지자, 그는 "한마디로 말해 이런 기획은 틀렸다는 거지?"라며 사무실 벽에 붙은 이미지 보드를 전부 쓰레기통에 집어넣었다. 1년 반이 넘는 기간 동안 준비한 작품을 단 5분만에 끝내버린 것이다.

〈굴뚝 화가 린〉의 기획을 폐기한 바로 그 자리에서, 미야자키 하야오는 스튜디오에 자주 놀러오던 한 소녀를 위한 작품을 만들기로 결심한다. 소녀의 이름은 치아키로, 지브리에 다니는 직원의 딸이었다. 이 작품이 바로 지브리를 대표하는 작품 중 하나인 〈센과 치히로의 행방불명〉이다.

이 일화만 놓고 보면 〈너저분한 거리의 리나〉나 〈굴뚝 화가 린〉은 세상에 나오지 못하고 버려진 기획으로만 보인다. 하지만 실상을 알고 보면 전혀 그렇지 않다. 〈너저분한 거리의 리나〉를 위해 그려진 이미지 보드 속 구상은 〈센과 치히로의 행방불명〉 초반부 '신들의 마을' 장면에 반영되었고, 〈굴뚝 화가 린〉을 위해 그려진 이미지 보드 속 주인공 린은 〈센과 치히로의 행방불명〉 속 치히로의 든든한 선배 린으로 이어졌다.

이 일화는 이미지 보드가 가진 힘을 보여준다. 그 첫 번째 힘은 기록이다. 이미지 보드란 결국 창작을 위한 그림 '메모'다. 아이디어의 발상 과정을 기록으로 남겨 그 과정의 궤적을 만들어낸다. 이는 가치 있는 아이디어가 섣불리 버려지지 않게 아카이빙하는 동시에, 창작자가 작품의 변화 과정을 추적할 수 있게 한다. 이를 통해 창작자는 무의식 속에서 원하는 것을 명료하게 인식해 좀 더 분명한 방향성을 가질 수 있다.

이미지 보드의 또 다른 힘은 '장면화'를 통한 아이디어의 구체화다. 이미지 보드가 일반적인 낙서와 다른 점은 장면화의 유무에 있다. 이미지 보드의 정의가 '영화 기획 단계에서 제시하는 예상 완성도'라고 했는데, 여기서 중요한 것은 '완성도', 즉 완성된 영화의 한 장면처럼 그려져야 한다는 것이다. 달리 말해 이미지 보드 속 그림은 인물, 사건, 배경이라는 스토리텔링의 3요소가 갖춰진 하나의 장면이어야 한다. 막연한 구상을 장면으로 만들어보면서 아이디어를 구체화하는 것이다.

이것은 이미지 보드의 가장 중요한 역할이라고도 할 수 있다. 아이디어가 머릿속에 들어 있을 때는 모든 것이 이치에 맞아 떨어지는 것처럼 느껴진다. 하지만 그것을 장면으로 구현하고 나면 비로소 아귀가 맞지 않는 부분이 보인다. 이를 고쳐나가다 보면 스토리에 개연성이 생기는 것은 물론 생각지도 못했던 아이디어가 떠오르기도 하면서 작품의 완성도가 높아지게 된다.

이렇듯 이미지 보드는 단순한 그림 작업이 아니라 지브리 영화 기획의 근간을 이루는 핵심 공정이다. 창작자의 상상력을 자극하고 아이디어를 구체화할 뿐 아니라, 작품의 방향성을 결정하는 나침반 역할까지 한다.

미야자키 하야오가 글로 된 각본을 쓰지 않고 곧장 그림 콘티 단계로 들어갈 수 있는 것도 이 때문이다. 이미지 보드를 만들면서 캐릭터, 주요 장면, 공간 설정을 구체화하다 보니 각본 단계를 거칠 필요성이 줄어드는 것이다.

이미지 보드, 각본, 그림 콘티

사실 미야자키 하야오가 각본을 전혀 쓰지 않는 것은 아니다. 어떻게 보면 그림 콘티가 곧 미야자키 하야오식 각본이다. 이는 그가 스토리텔러 이전에 애니메이터로 일을 시작한 사람인 만큼, 그림을 그리면서 대사를 만드는 것이 글로만 대사를 쓰는 것보다 더 익숙하기 때문이다. 그러니 엄밀하게 말해서 미야자키 하야오는 그림으로 각본을 쓰는 사람이라고 보는 게 옳다. 그는 자신이 일반적인 절차와 다르게 작업하는 것에 대해 이렇게 말했다.

> "작품의 제작 방식에 있어서 고정된 방법도 결정된 절차도 존재하지 않는다."

작품을 만드는 과정에는 고정된 절차가 없으니, 자신에게 맞는 방식을 능동적으로 찾아 작업하는 게 중요하다는 말이다. 여기서 우리는 창작자라면 반드시 명심해야 할 태도를 배울 수 있다. '과정이나 절차'에 지나치게 집착한 나머지 정작 중요한 것을 놓쳐서는 안 된다는 것이다. 각본도 결국 영화라는 결과물을 만들기 위한 과정에 불과하다. 중요한 것은 머릿속에 든 아이디어를 꺼내 작품으로 구현하는 것이고, 각본은 그것을 효율적으로 달성하기 위한 수단이다. 물론 그렇다고 과정이나 절차를 아예 무시

해도 좋다는 의미는 아니다. 제작 공정의 역할과 필요를 충분히 이해하고 체득할 때, 좀 더 본인에게 적합한 방식을 찾을 수 있다는 말이다.

다시 이미지 보드와 각본 이야기로 돌아가보자. 각본과 연출을 동시에 맡는 미야자키 하야오와 달리, 지브리의 다른 감독이 작품을 만들 땐 외주 각본가를 고용하는 경우가 더러 있다. 이렇게 협업을 할 때에도 이미지 보드 시스템은 빛을 발한다. 지브리에서 핵심만 추린 이미지 보드들을 각본가에게 전달하면, 이를 통해 각본가는 지브리가 원하는 작품의 방향성, 느낌, 시각적 이미지 등을 검토하고 작업에 착수한다. 이미지 보드가 곧 작품이 나아갈 방향을 가리키는 공동의 이정표가 되는 것이다.

이미지 보드 공정을 거쳐 각본이 완성되면 '스토리 보드'라고도 불리는 그림 콘티 작업이 이어진다. 이는 미야자키 하야오가 가장 두각을 드러내는 공정이기도 해서, 그의 그림 콘티 실력은 업계인들도 혀를 내두를 정도다.*

---

* 〈신비한 바다의 나디아〉, 〈신세기 에반게리온〉 등을 연출한 일본의 애니메이션 감독 안노 히데아키는 "미야자키 씨의 작품은 콘티가 완전체이며 콘티야말로 미야자키 씨의 최고 걸작이다. (여기에) 다른 사람의 손이 닿으면 오히려 열화되어 버린다"고 평했다.

미야자키 하야오가 각본 없이 이렇게 뛰어난 그림 콘티를 만들어낼 수 있는 비결 또한 이미지 보드라고 해도 과언이 아니다. 이미지 보드를 준비하는 동안 막연한 '상상'이 자연스럽게 구체적인 '발상'으로 발전하기 때문이다. 이처럼 이미지 보드는 지브리가 아름다우면서도 독창적인 스토리를 만들어내는 비결이라 할 수 있다.

이미지 보드 시스템을 활용하는 방법

이미지 보드는 기본적으로 그림에 기반한 공정이기 때문에, 그림을 그리지 않는 사람이 지브리식 이미지 보드를 활용하는 건 어려울 수 있다. 하지만 "작품의 제작 방식에 있어서 고정된 방법도 결정된 절차도 존재하지 않는다"는 미야자키 하야오의 말처럼, 이미지 보드 시스템을 곧이곧대로 활용할 필요는 없다. 이미지 보드의 역할과 핵심을 충분히 이해하고 있다면 얼마든지 이미지 보드의 대안을 마련할 수 있다.

이미지 보드의 첫 번째 핵심은 그것이 막연히 떠오른 상상을 포착하기 위한 그림 메모라는 것이다. 이를 글로 응용하는 건 어렵지 않다. 그림 대신 글로 메모하면 된다. 작품을 기획할 때 그 기획과 관련해 떠오르는 아이디어가 있다면 일단 메모하는 습관을 들이는 것이 좋다. 여기서 중요한 것은 아무리 사소한 아이디어라 할지라도 메모로 남기는 것과, 일단 메모하고 나면 그것을 섣불리 버리지 않는 것이다. 아이디어란 꿈과 같이 쉽게 잊혀진다는 것을 잊어선 안 된다. 별로 중요해 보이지 않는 아이디어라고 기록해두지 않으면 그 아이디어는 휘발된다. 하지만 일단 메모를 남기고 나면 그 아이디어는 숙성되기 시작한다. 언젠가 다른 메모와 연결되면서 시너지 효과를 일으키거나 작품 구상이 막혔을 때 예상치 못한 돌파구가 되어줄 수 있다.

이렇게 아이디어를 메모하다 보면 아이디어들 사이의 관계나 흐름이 보이기 시작할 것이다. 이때부터는 메모들을 흐름에 따라 연결하며 구조를 만드는 과정이 중요하다. 아이디어들을 연결하는 방법은 다양하지만, 내가 제안하는 방법은 마인드맵을 활용하는 것이다. 예를 들어 특정한 캐릭터나 사건에 대한 메모들을 한곳에 모아 엮는 식으로 마인드맵을 만들다 보면 흩어져 있던 아이디어들이 연결되면서 하나의 '스토리'로 구조화된다.

이 과정을 거치다보면 스토리에 필요한 아이디어와 필요하지 않은 아이디어를 선별할 수 있게 된다. 아무리 노력해도 다른 메모와 연결되지 않는 메모가 있다면 그것은 스토리에 필요하지 않은 아이디어인 것이다. 물론 그런 아이디어라도 잘 보관해둘 필요가 있다. 다른 작품을 기획할 때 활용될 수도 있기 때문이다. 〈너저분한 거리의 리나〉나 〈굴뚝 화가 린〉의 아이디어가 〈센과 치히로의 행방불명〉에 반영되어 살아남았다는 일화를 기억하자. 아이디어란 것은 시간이 흐를수록 숙성되면서 생명력이 강해진다.

메모와 마인드맵을 통해 스토리의 구조를 만들었다면, 이제 '장면화'를 거칠 차례다. 이를 응용하는 방법은 어렵지 않다. 자신의 스토리 속에서 중요한 장면을 하나 골라, 주인공이 그 장면 속에서 움직이게끔 시뮬레이션을 해보는 것이다. 시뮬레이션을 하다 보면 아이디어들끼리 잘 어우러지지 못하고 있다는 것을 발견하기도 하고, 새로운 아이디어가 생겨나기도 할 것이다.

시뮬레이션을 통한 장면화가 중요한 이유는 이 과정에서 디테일이 만들어지기 때문이다. 주인공이 미지의 마을을 발견하는 순간을 장면화한다고 하자. '미지의 마을'이라는 것을 어떻게 표현할 수 있을까? 생전 처음 보는 낯선 양식의 집으로 가득한 마을일 수도 있고, 안개가 자욱하게 끼어 미스터리한 분위기를 자아내는 마을일 수도 있다. 이런 마을을 발견한 주인공은 어떻게 반응할까? 새로운 발견에 신이 나서 마을로 달려갈까, 아니면 두려움에 가득 차서 그대로 도망칠까?

이렇게 한 아이디어를 장면화하는 것도 한 번으로 끝내지 말고 몇 차례씩 시도해보자. 미야자키 하야오가 방대한 양의 이미지 보드를 그리며 작품을 구상해가는 것처럼, 아이디어를 여러 차례 장면화하다 보면 점차 스토리에 윤곽이 잡히고 생명력이 깃들기 시작할 것이다. 이런 식으로 사건의 발단부터 결말까지 짧은 장면을 만들고 나면, 스토리는 비로소 온전한 당신의 것이 된다.

 ## 관찰과 경험이
공감 가는 스토리를 만든다

그런데 이미지 보드라는 기술적인 공정만으로 지브리의 창조력을 설명하는 건 어딘가 부족한 느낌이 든다. 지브리 영화의 가장 큰 특징은 전 세대를 아우르는 보편적인 스토리라는 점이기 때문이다. 지브리는 어떻게 성별과 세대, 국적을 초월해 모두에게 공감받는 스토리를 만들 수 있을까?

결론부터 얘기하자면 그 비결은 바로 '관찰'과 '경험'이다. 위대한 창작자들 가운데 미야자키 하야오만큼이나 관찰과 경험의 중요성을 반복해서 설파해온 이도 드물 것이다. 지금부터 관찰과 경험이 스토리 창작에 어떤 도움을 주는지 알아보자.

관찰을 통해 스토리에 실제를 담아라

창작에 있어 관찰의 중요성을 보여주는 대표적인 작품은 〈벼랑 위의 포뇨〉다. 미야자키 하야오의 영화는 후기로 가면서 점차 난해해지는데, 후기 작품에 속하는 이 영화도 예외는 아니다. 이 영화는 스토리의 개연성을 의도적으로 떨어뜨려 관객들이 이해하기 어렵게 만들었다. 합리성이나 개연성이 존재하지 않는 어린이들의 세계를 표현하려고 한 작품이 바로 〈벼랑 위의 포뇨〉이기 때문이다. 그러나 이런 식의 실험적 도전은 사람들의 공감을 사기 어려워 대중적으로 성공하기 어렵다는 문제가 있다.

그런데 이 작품은 호불호는 갈릴지언정 대중적인 성

공을 거두는 데 성공했고, 비평 면에서도 뛰어난 성과를 거두었다. 이것이 어떻게 가능했을까? 나는 〈벼랑 위의 포뇨〉가 집요한 관찰을 기반으로 해 관객의 공감을 살 수 있었기 때문이라고 생각한다.

지브리는 사내 복지의 일환으로 직원들의 자녀를 위한 어린이집을 운영한다. 어린이집의 이름은 '곰 세 마리의 집'으로 미야자키 하야오가 직접 건물을 설계하고 초대 원장을 지내기도 했다. 흥미로운 것은 이 어린이집 옆에 미야자키 하야오가 은퇴 후 지낼 목적으로 지은 '돼지의 집'이 존재한다는 사실이다. 노인을 위한 건물과 어린이를 위한 건물이 나란히 위치한 이 독특한 구조는 〈벼랑 위의 포뇨〉에 고스란히 반영되었다. 주인공 소스케가 다니는 어린이집은 어머니 리사가 일하는 노인들의 요양소와 나란히 붙어 있는 것으로 묘사된다.

지브리의 이런 환경 덕분인지 미야자키 하야오의 어린이 묘사는 〈벼랑 위의 포뇨〉에서 빛을 발한다. 특히 이 영화의 주인공 포뇨의 행동 묘사는 그의 관찰력이 정점에 달한 사례다. 포뇨의 행동 하나하나에는 실제 어린이를 자세히 관찰해야만 알 수 있는 디테일이 가득하다. 쓰나미를 타고 소스케의 집에 찾아온 포뇨가 라멘을 대접

받는 장면을 보면 포뇨 라멘의 면이 소스케 라멘의 면에 비해 훨씬 잘게 부서져 있는 것을 발견할 수 있다. 흥분을 주체하지 못한 포뇨가 라멘 봉지를 너무 세게 쥔 탓이다. 라멘을 먹은 후에도 신이 나서 소스케의 집을 헤집고 다니던 포뇨는 갑자기 에너지가 방전된 듯 꾸벅꾸벅 졸기 시작한다. 리사는 그런 포뇨를 침대 위에 눕혀 재우는데, 이런 장면들은 실제 어린이의 행동을 사실적으로 묘사했다며 많은 관객의 공감을 샀다.

더불어 이런 포뇨의 행동들은 단순한 묘사에 그치는 게 아니라 영화의 스토리를 끌고 간다(〈벼랑 위의 포뇨〉를 보면 스토리의 중요한 전환점은 모두 포뇨의 '아이 같은' 행동으로 인해 일어난다는 것을 알 수 있다). 이는 스토리텔링에 있어 관찰이 얼마나 중요한지를 보여주는 좋은 사례라 할 수 있다.

자신만의 경험을 보편화하여 전달하라

창작자에게 관찰만큼이나 중요한 것은 경험이다. 경험은 때로 관찰의 토대가 되기도 한다. 미야자키 하야오가 '곰 세 마리의 집'에서 초대 원장을 지낸 경험이 그의 어린이 관찰에 밑바탕이 된 것처럼 말이다.

미야자키 하야오의 경험이 작품에 반영된 사례는 〈센과 치히로의 행방불명〉에서도 찾을 수 있다. 강에 신발을 빠뜨린 어린 치히로가 물에 빠졌다가 하쿠에 의해 살아났다고 얘기한 바로 그 장면은 사실 미야자키 하야오의 경험에서 비롯된 것이다. 〈센과 치히로의 행방불명〉이 치아키라는 소녀를 위해 제작하기 시작한 작품이라는 이야기를 기억하는가? 이 장면이 만들어진 계기도 바로 이 소녀다. 지브리 직원들이 미야자키 하야오와 함께 별장에서 여름 휴가를 보내던 중 치아키가 강에 신발을 떨어뜨렸고, 미야자키 하야오와 지브리 직원들 모두가 신발을 쫓아 달리는 소동이 벌어졌다. 이것이 인상적으로 남았던 미야자키 하야오는 이 경험을 〈센과 치히로의 행방불명〉 속에 반영하게 된 것이다. 〈마녀 배달부 키키〉에서도 그의 자전적인 경험을 찾아볼 수 있다. 키키를 미야자키 하야오로, 바다가 보이는 마을을 (애니메이션 스튜디오가 있던) 도쿄로, 마법을 그림으로 바꾸면 〈마녀 배달부 키키〉는 애니메이터가 되기 위해 업계에 뛰어든 미야자키 하야오의 자전적인 스토리로 읽을 수 있다.

　하지만 미야자키 하야오는 자신의 경험을 있는 그대로 스토리로 만드는 사람이 아니다. 그가 경험을 스토리에 활용하는 방식은 좀 더 고차원적이다. 그는 경험에서 아이디어를 얻지만, 경험의 구체적인 내용보다는 그 경험에서 느낀 감정에 주목한다. 개개인이 겪는 경험은 특수하지만, 경험에서 느끼는 감정은 보편적이기 때문이다. 별장에서 여름 휴가를 보내던 중 누군가 떨어뜨린 신발을 줍기 위해 사람들과 함께 달리는 경험은 개인의 특수한 것이다. 하지만 곤경에 처한 누군가를 돕기 위해 힘을 합쳐 노력할 때의 감정은 누구나 살면서 한 번쯤 경험하는 보편적인 것이듯 말이다.

〈마녀 배달부 키키〉가 훌륭한 영화인 이유도 바로 이런 보편적인 감정을 다루고 있기 때문이다. 이 영화는 성장 과정에서 누구나 한 번은 겪게 되는 성장통의 문제를 다룬다. 동경하던 세계에 들어가지만 그 세계가 생각했던 것과는 달라서, 혹은 자신이 그 세계에 어울리지 않는 것 같아서 슬럼프에 빠지는 경험은 누구나 한 번쯤 겪는다. 이 영화가 많은 공감을 얻는 비결이 바로 여기에 있다.

앞서 말했듯 영화 속 키키의 이야기는 미야자키 하야오의 경험에서 비롯된 것이다. 1963년 처음으로 애니메이터가 된 미야자키 하야오는 1년이 지났을 무렵 애니메이터로서의 의욕을 상실하고 만다. 승승장구하는 미국 애니메이션과 달리 일본 애니메이션은 진부하고 촌스럽게 느껴졌기 때문이다. 이대로는 그림을 그릴 수 없다는 생각에 애니메이터를 그만두려던 미야자키 하야오는 우연히 레프 아타마노프Lev Atamanov 감독의 소련 애니메이션 〈눈의 여왕〉을 보게 된다. 이 영화는 타성에 젖어 있던 당대 일본이나 미국 애니메이션과 달리, 애니메이션이라는 매체가 가진 본질적인 힘을 보여주고 있다는 것을 발견한 미야자키 하야오는 다시 한 번 의욕을 되찾고 애니메이션을 만들기 시작한다.

〈마녀 배달부 키키〉에는 그의 이런 경험이 생생하게 반영되어 있다. 견습 마녀인 키키는 수련을 위해 집을 떠나 동경하던 도시에 정착한다. 하지만 기대와는 다른 도시 생활에 적응하지 못한 키키는 슬럼프를 겪고, 유일한 재능이었던 비행 능력을 잃는다. 키키의 친구이자 화가인 우르슬라는 이 얘기를 듣고 키키를 자신의 작업실에 초대한다.

> **우르슬라** 마법하고 그림은 비슷하네. 나도 안 그려질 때가 종종 있어.

키키   정말요? 그럴 땐 어떻게 해요? 사실 전에는 아무 생각을 안 해도 날았는데, 어떻게 해야 날았는지 지금은 전혀 모르겠어요.

우르슬라   그럴 때는 미친 듯이 그릴 수밖에 없어. 계속 그리고 또 그려야지!

키키   그래도 날 수 없으면 어떡하죠?

우르슬라   그리는 걸 포기해. 산책이나 경치 구경, 낮잠을 자거나 아무것도 하지 마. 그러다가 갑자기 그림이 그리고 싶어지지.

우르슬라와 키키의 문답이 감동적으로 와닿는 이유는 이것이 미야자키 하야오의 경험에 기반을 두고 있기 때문일 것이다. 미야자키 하야오는 우르슬라의 대사를 빌려 자신이 경험을 통해 성찰한 내용을 관객들에게 전하고 있는 것이다. 이는 낯선 곳에서 슬럼프와 성장통을 겪으며 공통의 감정을 느껴본 사람들에게 마음 깊은 울림을 준다. 이처럼 진실된 감정에서 우러나온 스토리는 뻔한 스토리라 하더라도 관객을 감동시키는 강력한 힘을 갖는다.

그런데 자전적인 경험만으로 스토리를 만드는 것은

어려운 데다, 한편으론 경계해야 하기도 하다. 스토리를 만드는 데 지나치게 경험에만 의존하다 보면 한계에 부딪히기 쉽다. 개인의 경험은 한정적일 뿐 아니라, 지나치게 창작자 개인의 시각에 매몰돼 보편성을 잃는 함정에 빠질 수 있기 때문이다.

이때 빛을 발하는 것이 바로 '모티프'다. 1장(지식)에서 이야기한 것처럼 모티프는 문학, 미술, 영화 등 다양한 예술 장르에서 반복적으로 등장하는 주제, 패턴, 이미지 등을 말한다. 달리 말해 모티프는 오랜 세월 동안 다양한 작품을 통해 검증된 보편적인 스토리 재료라 할 수 있다. 이러한 모티프와 자전적 경험의 만남은 시너지 효과를 일으킨다. 보편적인 모티프만 사용할 경우 클리셰의 함정에 빠질 수 있다. 스토리가 진부해지는 것이다. 반대로 개인의 특수한 경험을 활용할 경우 공감하기 어렵거나 흥미롭지 않은 스토리가 될 수 있다. 나에게는 흥미로운 경험이 남에게도 흥미롭다는 보장이 없기 때문이다. 하지만 이 두 재료가 만나면 서로의 단점이 훌륭하게 보완된다.

〈센과 치히로의 행방불명〉 이야기로 돌아가보자. 앞에서 치히로가 강물에 빠진 이야기는 미야자키 하야오의 자전적인 경험에서 비롯된 장면이라고 얘기했다. 그렇다고 해서 이 장면이 순전히 미야자키 하야오 개인의 특수한 경험에서만 비롯된 장면인 것도 아니다. 사실 이 장면에는 미야자와 겐지宮沢賢治의 소설 《은하철도의 밤》에서 유래한 보편적인 모티프가 숨어 있다.

미야자와 겐지는 미야자키 하야오에게 큰 영향을 미친 소설가다. 그의 대표작 《은하철도의 밤》은 미야자키 하야오를 넘어 일본 문화 전반에 큰 영향을 미쳤는데, 한국에서도 잘 알려진 애니메이션 〈은하철도 999〉의 모티브가 된 작품이기도 하다. 이 소설에는 불우한 형편의 주인공 조반니의 유일한 친구 캄파넬라가 강물에 빠진 동급생 자넬리를 구하고 대신 숨지는 결말이 나온다. 이를 통해 이 작품은 희생에 관한 깊이 있는 성찰을 전하는 유명한 모티프로 자리 잡는다. 〈센과 치히로의 행방불명〉에서 하쿠가 물에 빠진 치히로를 구해주고 희생한 것은 바로 이 모티프를 차용한 것이다. 미야자키 하야오의 자전적 경험에 《은하철도의 밤》에서 유래한 모티프를 더한 결과 〈센과 치히로의 행방불명〉 속 아름다운 장면이 탄생했다고 할 수 있다.

이처럼 경험과 모티프의 결합은 스토리텔링에 있어서

궁극의 레시피다. 지브리식 '명장면'을 만들고 싶다면 개인의 특수한 경험과 보편적인 모티프의 결합이라는 공식을 기억하라. 여기에 경험에서 우러나온 보편적이고 진실된 감정이 더해질 때, 관객들에게 울림을 주는 위대한 명장면이 탄생하게 될 것이다.

✎ 요약

- 아이디어는 상상과 발상을 통해 스토리로 발전시킬 수 있다. 상상은 현실에 존재하지 않는 것을 마음속으로 그려보는 것이고, 발상은 이를 구체적인 형태로 고안해내는 것이다. 지브리는 이 두 과정을 효과적으로 수행하기 위해 그들만의 개성적인 시스템 '이미지 보드'를 활용한다.

- 이미지 보드는 아이디어를 구체화하고 장면화해 메모로 남긴 것이다. 여기서 장면화란 인물, 사건, 배경이라는 스토리텔링의 3요소가 갖춰진 한 장면을 직접 만들어보는 것이다. 이 과정에서 추상적인 아이디어들과 그들 간의 연결이 정교하게 다듬어진다.

- 관찰은 창작의 핵심 요소다. 세밀한 관찰과 그에 기반한 현실적인 묘사는 캐릭터와 상황에 생생함을 불어넣으며, 관객에게 스토리를 더욱 친숙하게 전달한다.

- 지브리 영화가 감동적인 이유는 그것이 창작자의 자전적 경험에서 비롯된 보편적인 감정에 토대를 두고 있기 때문이다. 이는 관객이 작품에 더욱 공감할 수 있게 만든다.

- 개인의 특수한 경험과 보편적인 모티프의 결합은 스토리텔링에 있어 궁극의 레시피다.

----

1. 당신의 스토리에 넣으려는 가장 인상적인 아이디어는 무엇인가? 그것을 하나의 장면으로 만들어 최대한 빠르고 풍성하게 묘사해보자. 장면 속 인물의 행동과 감정, 사건, 배경, 분위기 등을 키워드로 메모하거나, 그림 실력이 있다면 빠르게 스케치해보자. 같은 아이디어를 여러 버전의 장면으로도 만들어보자. 이 과정을 통해 당신의 스토리가 어떻게 발전하는지 살펴보자.

2. 당신이 다루고 싶은 대상의 특징은 무엇인가? 최대한 자세히 관찰해 그 특징을 적어보자. 그 특징들을 당신의 스토리 곳곳에서 어떻게 활용할 수 있을지 구상해보자.

3. 당신의 경험 중 강렬하고 중요한 경험이 있다면 무엇인가? 이 경험 속에서 당신은 어떤 감정을 느꼈는가? 그 감정을 보다 보편적으로 다루려면 당신의 스토리에서 그 경험과 감정을 어떻게 표현해야 할까?

"솔직히 말하면 난 지독한 겁쟁이야.
이 잡동사니들은 다 마녀를 피하기
위한 부적이지. 무서워서 견딜 수가
없어……."

— 〈하울의 움직이는 성〉, 하울

3장

주인공

주인공의
두 가지 유형

　　주인공은 이야기를 이끌어가는 가장 중요한 스토리 요소 중 하나다. 관객은 주인공을 통해 스토리에 몰입하고 그의 행동을 통해 작품의 주제를 탐구한다. 주인공은 관객과 스토리를 연결하는 결정적인 매개체이며, 그만큼 매력적인 주인공을 만드는 것은 스토리의 성패에 매우 중요하다. 따라서 관객이 스토리를 사랑하게 만들고 싶다면 매력적인 주인공을 만드는 데 공을 들여야 한다.

　주인공의 유형은 크게 완성형 주인공과 성장형 주인공으로 나뉜다. 완성형 주인공은 스토리의 시작부터 내적인 완성을 이룬 채 출발하는 주인공이며, 성장형 주인공은 미숙하고 결점이 있는 상태에서 출발해 중심 사건을 통해 성장하고 결말에 이르러 내적으로 완성되는 주인공을 뜻한다.

　지브리 영화 속 주인공 또한 이 유형론에 따라 나눌 수 있다. 완성형 주인공으로는 〈바람계곡의 나우시카〉의 나우시카, 〈붉은 돼지〉의 포르코, 〈모노노케 히메〉의 아시타카, 〈센과 치히로의 행방불명〉의 하쿠, 〈하울의 움직이는 성〉의 하울이 대표적이다. 달리 말해 이들을 '문무를 겸비한 완벽한 초인 유형'이라고 표현할 수 있겠다. 성장형 주인공은 〈이웃집 토토로〉의 사츠키와 메이 자매, 〈마녀 배달부 키키〉의 키키, 〈센과 치히로의 행방불명〉의 치히로, 〈벼랑 위의 포뇨〉의 포뇨를 들 수 있고, 영화 속에서 이들은 '세상 물정 모르는 순수한 아이 유형'으로 등장한다.*

이 두 유형의 주인공은 무엇이 더 좋고 나쁘다기보다 각각의 특징과 장단점을 지닌다. 자신이 만들려는 스토리의 특성과 목적, 장르 등을 고려해 적합한 주인공을 선택하는 것이 중요하다. 지금부터 두 유형의 주인공에 대해 자세히 살펴보자.

완성형 주인공 만들기

완성형 주인공의 장점은 관객의 대리 만족 욕구를 충족시키기 쉽다는 것이다. 완성형 주인공이 역경을 유능하

---

* 물론 지브리 영화의 모든 주인공을 반드시 이 두 유형으로 무 자르듯 나눌 수 있는 건 아니다. 미야자키 하야오는 후기 작품으로 갈수록 두 유형의 통합을 시도하는데, 이를 대표하는 주인공이 〈벼랑 위의 포뇨〉의 소스케와 〈그대들은 어떻게 살 것인가〉의 마히토다. 소스케와 마히토는 성장이 필요한 미숙한 어린이인 동시에 깊은 속내를 가진 초인으로 묘사된다.

게 해결하는 모습을 보면 통쾌하고 안심이 된다. 그러나 주인공이 완벽한 만큼 사건이나 갈등이 너무 쉽게 해결되어 재미와 긴장이 반감될 수 있다. 따라서 완성형 주인공이 등장하는 스토리는 사건을 흥미롭게 구성하는 것이 중요하다.

〈모노노케 히메〉의 주인공 아시타카는 완성형 주인공을 대표하는 캐릭터다. 신비롭고 속내를 알기 어려운 아시타카는 어떤 시련이 닥치든 최선의 선택을 하는 이상적인 존재다. 그렇기에 아시타카가 위기에 처하더라도 관객들은 그가 손쉽게 사건을 해결할 것이라 예상한다.

이 때문에 영화는 아시타카를 해결이 어려운 딜레마의 한복판에 밀어넣는다. 〈모노노케 히메〉 속 딜레마는 바로 인간과 자연의 대립이다. 인간을 위한 이상향인 타타라 마을은 자연을 향한 착취를 기반으로 한다. 착취당한 자연은 인간에게 복수하고, 인간은 이를 막기 위해 다시 자연을 파괴하는 악순환이 일어난다. 이러한 인간과 자연의 대립은 현대 사회에서도 해결하지 못한 난제이기에, 신화적 인물인 아시타카조차 쉽사리 해답을 찾지 못한다. 아시타카는 인간과 자연의 입장을 모두 확인한 뒤 양쪽이 공존할 방법을 모색하고자 애쓴다. 하지만 이는 한 개인이 해결하기엔 너무 복잡한 문제이므로, 관객은 '아시타카가 이 문제를 어떻게 해결할까?' 하고 흥미진진하게 스토리를 따라가게 된다. 이처럼 완성형 주인공이 등장하는 작품은 해결하기 어려운 사건이 스토리의 관전 포인트가 된다.

성장형 주인공 만들기

성장형 주인공의 장점은 관객이 주인공에게 보다 쉽게 감정을 이입할 수 있다는 점이다. 우리에게는 모두 크고 작은 결점이 있기 때문에, 관객은 결점이 있는 주인공을 자신과 동일시하기도 하고 응원하기도 하며 애정을 쌓게 된다. 또한 미숙한 주인공이 자신의 결점을 극복하고 역경을 이겨내는 모습을 보며 깊은 감동을 느끼기도 한다. 하지만 성장형 주인공의 미숙한 면모가 관객에게 답답함을 줄 수 있다는 점은 유의해야 한다. 따라서 이러한 주인공이 나오는 스토리에서는 주인공의 성장을 흥미롭고 감동적으로 그리는 것이 중요하다.

〈센과 치히로의 행방불명〉의 치히로는 성장형 주인공을 대표하는 캐릭터다. 초반부에 묘사되는 치히로는 특출난 데 하나 없는 평범한 어린이인 데다가 호감을 느끼기 어려운 성격으로 묘사된다. 정든 고향을 떠나 이사를 가는 부모님에게 잔뜩 삐져서 떼를 쓰기도 하고, 말없이 부모님에게 고집을 부리기도 한다.

여기서 치히로가 여러 시련을 거치며 성장하는 묘사에 주목할 필요가 있다. 의도치 않게 신들의 세계에 들어온 치히로는 이 세계에서 살아남기 위해 노동을 해야만 한다. 치히로는 간신히 가마 할아범을 찾아가 일을 달라고 떼를 쓰지만, 그는 자신의 일로 바빠 치히로를 거들떠도 보지 않는다. 그러다 치히로는 석탄을 나르던 숯검댕이 하나가 위기에 처한 것을 발견하고 대신 석탄을 들어주는데, 위기에서 벗어난 숯검댕이는 도망쳐버린다. 어쩔 줄 모른 채 석탄을 내려놓으려는 치히로에게 가마 할아범은 소리친다. "한번 손댔으면 끝까지 해!" 치히로는 뜨거운 열기를 내뿜는 화로에 두려움을 느끼면서도 책임감 있게 석탄을 집어던짐으로써 첫 임무를 성공적으로 완수한다. 어리광쟁이로만 보이던 치히로의 변화된 모습은 치히로라는 캐릭터에 신선한 매력을 부여한다. 이런 식으로 치히로가 크고 작은 시련을 극복할 때마다 관객들은 치히로라는 캐릭터를 응원하며 감정을 이입하는 동시에, 미숙했던 초반과 대비되는 성장을 체감하며 깊은 감동을 받게 된다. 이처럼 성장형 주인공이 등장하는 작품은 주인공이 성장해나가는 모습이 스토리의 관전 포인트가 된다.

그런데 보통의 성장형 주인공은 스토리가 끝날 무렵 성장을 끝마치고 성숙해지는 경우가 대부분이지만, 미야자키 하야오의 영화는 조금 다른 성장형 주인공을 만들기도 한다. 앞서 그가 그리는 성장형 주인공이 주로 '세상 물정 모르는 순수한 아이'로 등장한다고 설명했는데, 이러한 특성 때문에 영화가 끝난 후에도 주인공들은 (분명히 스토리 속에서 성장했음에도 불구하고) 여전히 순수하지만 미숙한 어린이로 남는다(〈센과 치히로의 행방불명〉의 치히로, 〈이웃집 토토로〉의 사츠키와 메이 등이 그렇다). 이러한 성장형 주인공들은 미야자키 하야오의 주제의식이 반영된 것이다. 그는 자신의 저서 《책으로 가는 문》에서 다음과 같이 이야기한다.

> "때가 올 때까지 아이는 제대로 부모의 보호 아래 있어야 합니다. 서둘러 성장할 필요는 없습니다. 그것은 부모를 불신하는 일에 지나지 않습니다. 차라리 의존하는 게 낫습니다.

불신과 의존은 물론 공존하지만, 의존을 인정하지 않으면 아이의 세계를 이해했다 할 수 없습니다. 아이의 성장과 자립이 가장 중요하다는 말은 틀리다고 생각합니다. 인생 수업을 거쳐 어느 시점에 이르면, '이제 어엿한 어른이 되었구나' 하고 선을 긋는 독일 교양소설과는 다르지요."

이러한 주제의식에서 탄생한 독특한 지브리의 주인공은 많은 함의를 지닌다. 어린이에 관한 미야자키 하야오의 분명한 가치관이 그가 만든 주인공을 개성적으로 만들고, 거꾸로 전형적이지 않은 주인공이 창작자의 주제의식을 또렷이 드러낸 것이다. 이는 앞서 살펴본 주인공 유형에 따른 특징이 고정된 것이 아니라 응용이 가능한 것임을 보여준다. 창작자의 주제의식과 다루는 대상 등에 따라 주인공의 매력을 다르게 표현하는 것은 독창적이고 효과적인 스토리텔링 방식이 될 수 있음을 기억하자.

주인공의
세 가지 요건

　　　지브리 영화 속 주인공은 완성형이든 성장형이든 전부 매력적이다. 지브리가 매력적인 캐릭터를 만드는 방법은 무엇일까? 스토리의 주인공이 매력적으로 느껴지기 위해선 무엇이 필요할까? 지브리 영화 속 주인공을 분석해보면 매력적인 주인공이 갖춰야 할 세 가지 요건을 찾을 수 있다. 그 세 가지는 다음과 같다.

1. 능동성
2. 유능성
3. 친밀성

　이 세 가지 요건은 상호 배타적인 면이 있어 세 가지를 모두 갖춘 주인공을 만드는 건 어렵다. 무리해서 세 요건을 전부 충족시키려 했다간 도리어 매력이 반감될 수 있다. 따라서 세 가지 요건을 모두 넣으려 하기보다는 세 가지 요건 중 두 가지를 갖추는 데 집중하자. 그럼 지브리 주인공들의 사례를 통해 각각의 요건에 대해 알아보자.

주인공의 세 가지 요건: 능동성

주인공이 갖춰야 할 능동성의 요건은 '주인공은 적극적으로 행동하며 사건 해결을 위해 두 발로 직접 뛰어다녀야 한다'는 것이다. 지브리 영화 속 주인공은 예외 없이 모두가 강한 능동성을 지니고 있다.

이를 잘 보여주는 작품이 〈벼랑 위의 포뇨〉다. 이 영화는 '왕자와 공주의 키스'라는 전형적인 동화의 모티프로 끝을 맺는다. 그런데 포뇨는 일반적인 동화 속 공주처럼 수동적으로 키스를 받는 입장에 머무르지 않는다. 대신 포뇨는 양동이에서 힘차게 뛰어올라 소스케에게 직접 입을 맞춘다. 이 장면은 모티프를 반전시킨 이미지를 통해 포뇨의 능동적인 매력을 강하게 드러낸다.

주인공의 능동성은 스토리상 중요한 사건을 일으키는 시발점이 되기도 한다. 〈이웃집 토토로〉의 사츠키와 메이 자매 또한 강한 능동성을 가진 주인공들이다. 아픈 어머니의 요양을 위해 시골로 이사온 자매는 어머니와 함께 지낼 날만을 기다린다. 하지만 어머니의 퇴원이 미뤄졌다는 소식을 들은 동생 메이는 어머니에게 옥수수를 선물하겠다는 마음 하나로 무작정 병원으로 떠났다가 길을 잃어버리고 만다.

〈벼랑 위의 포뇨〉에서도 비슷한 사례를 찾아볼 수 있다. 포뇨의 아버지 후지모토는 포뇨를 보호하기 위해 그를 작은 어항 속에 가둬둔다. 인간이 되고 싶은 포뇨는 후지모토 몰래 어항을 깨고 나오는데, 이 과정에서 생명 에너지가 담긴 우물을 개방해버리는 대형 사고를 친다. 후지모토가 몇 세기에 걸쳐 모아둔 생명 에너지가 지구 전체에 쏟아지면서 지구에는 온갖 이상 현상이 발생하기 시작한다.

만약 '지브리 영화 속 주인공' 같은 주인공을 만들고자 한다면 능동성에 주목하자. 두 발로 적극적으로 뛰어다니는 주인공은 지브리 영화의 핵심적인 특징이다. 때로는 강한 능동성이 사건을 해결하는 것이 아니라 새로운 사건을 일으키는 원인이 된다. 이는 지나치면 단점이 될 수도 있지만, 잘 활용하면 스토리를 더욱 풍성하고 흥미진진하게 만드는 요소로 작용한다. 능동적인 주인공은 단순히 주어진 상황에 대응하는 것을 넘어, 새로운 가능성을 열고 예측 불가능한 모험을 만들어낸다. 이를 통해 관객들은 더욱 깊이 있는 캐릭터 아크*와 복잡한 플롯 전개를 경험할 수 있다.

주인공의 세 가지 요건: 유능성

유능성의 요건은 '주인공은 관객의 예상을 뛰어넘는 유능함을 보여줘야 한다'로 정리할 수 있다. 주인공이 예상치 못한 유능한 면모를 보여줄 때 관객은 대리 만족을 통한 쾌감을 느낀다. 이는 대중문화에서 결코 간과할 수 없는 중요한 요소다. 앞서 말한 완성형 주인공, '문무를 겸비한 완벽한 초인' 유형이 유능성이 강조된 유형이라 할 수 있다. 〈모노노케 히메〉의 아시타카나 〈하울의 움직이는 성〉의 하울은 평범한 인간을 뛰어넘은 초인적인 능력을 보여주며, 어떤 문제가 닥치든 손쉽게 그 문제를 해결한다.

그러나 능동성이 지나치면 사건을 해결하는 게 아니라 도리어 사건을 일으킬 수 있는 것과 마찬가지로, 유능성도 지나치면 독이 될 수 있다. 주인공이 지나치게 유능할 경우 관객이 주인공에게 이입하지 못하고 거리감을 느끼게 되기 때문이다. 주인공과 관객 사이의 거리감이

---

* 캐릭터 아크character arc, 또는 인물호人物弧. 스토리의 줄거리가 전개되는 동안 캐릭터는 시작과는 다른 인물로 변화하는데, 이 과정에서 일어나는 캐릭터 내면의 변화를 뜻한다. 이러한 변화를 도형으로 표현하면 활 꼴의 호arc처럼 보인다고 해서 붙은 명칭이다.

멀수록 스토리의 재미가 반감된다. 주인공이 아무리 멋지게 활약하더라도 관객이 뚱하게 보게 되기 때문이다. 주인공이 완벽하기만 하다면 관객이 그 주인공을 보고 있어야 할 이유가 없다.

따라서 유능성이 강조되는 주인공에게는 '결점'이 필요하다. 〈하울의 움직이는 성〉의 하울은 세계에서 가장 강력한 마법사지만, 외모에 대한 유별난 집착이라는 결점을 가지고 있다. 소피가 멋대로 성을 청소하는 바람에 (여기서 우리는 소피의 능동성을 발견할 수 있다) 염색이 잘못되자, 하울은 정신이 나가 액체 괴물이 되어버린다. 이러한 결점은 하울을 보다 입체적으로 만드는 동시에 관객이 하울이라는 캐릭터의 내면을 이해하고 애정을 갖게 하는 계기가 된다.

유능성이 강조되는 지브리 영화 속 주인공들이 저주에 걸린 경우가 많은 것도 이 때문이다. 주인공이 유능하면 유능할수록, 그 한계가 명확히 지정되어야 한다. 하울은 위대한 마법사지만 저주에 걸려 인간성을 상실하고 괴물로 변해가고 있다. 아시타카는 평범한 인간을 초월한 신화적인 존재지만 재앙신의 저주에 걸려 서서히 죽어가고 있다. 〈붉은 돼지〉의 포르코는 베테랑 파일럿이지만 인간들과 어울리지 못한 채 돼지로 살아간다. 이처럼 유능한 주인공의 한계는 캐릭터의 매력을 배가하고 스토리를 긴장감 있게 만든다.

주인공의 세 가지 요건: 친밀성

친밀성의 요건은 '관객이 주인공에게 공감할 수 있어야 한다'는 것이다. 주인공은 관객을 스토리에 몰입하게 하는 첫 관문이자 매개체다. 그렇기에 주인공의 친밀성이 떨어지면 스토리의 진입 장벽이 높아진다는 문제가 발생한다. 성장형 주인공, '세상 물정 모르는 순수한 아이' 유형이 친밀성이 강조된 유형이라 할 수 있다. 〈이웃집 토토로〉의 사츠키와 메이, 〈마녀 배달부 키키〉의 키키, 〈센과 치히로의 행방불명〉의 치히로는 관객과 같은 눈높이에서 낯선 세상을 탐구해나간다. 이들은 세계에 대해 무지하지만, 이런 무지함 덕분에 관객들은 이들과 발맞추어 영화 속 세계에 쉽게 몰입하게 된다.

　〈센과 치히로의 행방불명〉의 도입부를 보자. 치히로는 관객과 마찬가지로 신들의 세계에 대해 아무런 정보도 가지고 있지 않다. 그래서 치히로가 신들의 세계에 처음 발을 들였을 때 느끼는 감정은 관객들이 느끼는 감정과 비슷하다. 이 세계에 정체를 알 수 없는 귀신들이 보이기 시작하자 치히로는 패닉에 빠져 부모를 찾아 나서는데, 이때 치히로가 느끼는 공포와 두려움은 곧 관객의 공포와 두려움이 된다. 그 절정은 신들의 음식을 훔쳐 먹던 부모가 돼지로 변해버린 걸 발견하는 순간이다. 바로 이 순간, 관객은 치히로에게 감정을 이입하는 걸 넘어 치히로와 하나가 된다.

친밀성은 유능성과 대비되는 요건이다. 즉, 주인공이 유능할수록 관객과의 친밀함이 떨어지게 되고, 반대로 친밀한 주인공일수록 유능함은 떨어진다. 이는 친밀성이 과하게 강조될 경우 주인공의 매력이 오히려 반감될 수 있다는 뜻이기도 하다.

바로 이런 문제가 〈이웃집 토토로〉 제작 당시에 벌어졌다. 영화 제작 초기만 하더라도 〈이웃집 토토로〉의 주인공은 자매가 아니라 외동딸이었다. 이 흔적은 제작 초기에 공개된 포스터를 통해 지금도 확인할 수 있다. 하지만 작품의 구상이 구체화되는 과정에서 스토리가 한계에 부딪히고 만다. 친밀성이 지나치게 강조된 나머지 주인공이 사건을 일으키기만 하고 해결하지 못하는 것이다. 사건의 클라이맥스에서 이 외동딸 주인공은 무작정 어머니가 있는 병원에 가다가 길을 잃는데, 주인공 혼자서는 이 문제를 해결하게 할 수가 없었다. 주인공이 갈등을 해결하지 못하고 상황을 악화하기만 한다면 관객들은 답답함을 느껴 스토리에 몰입하지 못하게 된다.

영화는 외동딸이었던 주인공을 두 명의 자매로 만들어 문제를 해결한다. 성숙하고 유능한 언니 사츠키를 또 다른 주인공으로 만든 것이다. 이 결정은 〈이웃집 토토로〉를 더욱 풍성하게 만드는 효과를 낳았다. 영화의 초반부에서 관객들은 동생 메이와 함께 두근거리며 새로운 세계를 발견해나간다. 메이가 없었다면 관객들은 토토로를 만날 수 없었을 것이다. 그러다 메이가 사고를 치는 후반부부터, 관객들은 사츠키가 사건을 해결하는 모습을 지켜보게 된다. 사츠키는 토토로를 찾아가 도움을 청하고, 토토로는 놀라운 방법으로 사츠키를 도와 메이를 찾아준다.

매력적인 주인공 만들기

지금까지 대표적인 주인공의 유형 두 가지와 매력적인 주인공이 갖춰야 할 요건 세 가지에 대해 알아보고, 이것이 지브리의 영화에서 어떻게 나타나는지 살펴보았다.

앞서 지브리 주인공의 주된 특징이 능동성이라고 설명했다. 능동성이 지나칠 경우 사건을 해결하기보단 일으키기 쉽다는 문제가 있지만, 미야자키 하야오는 오히려 이것을 활용해 작품의 주제를 형성한다. 그 주제란 '어린이라면 응당 실수를 저지르고 사건을 일으켜도 괜찮다'는 것이다. 미야자키 하야오는 이에 대해 다음과 같이 말한 바 있다.

"아이는 그렇지가 않습니다. 현명해지는 만큼 또 몇 번이나 바보 같은 짓을 합니다. 아이에게는 거듭 바보 같은 짓을 할 권리가 있습니다. 어린아이의 세계는 특히 더 그렇습니다."

이는 지브리 영화 속 주인공들의 능동적인 행동을 정당화하는 근거가 된다. 주인공들은 스스로 행동하고 결정을 내리며, 때로는 실수를 저지르지만 그 과정에서 배우고 성장한다. 이러한 능동성은 미야자키 하야오가 추구하는 아이다운 모험과 성장의 핵심 요소다.

앞서 매력적인 주인공은 능동성, 유능성, 친밀성이라는 세 가지 요건 가운데 두 가지 요건을 충족해야 한다고 설명했다. 미야자키 하야오가 주인공의 능동성을 중시하는 만큼, 지브리 영화 속 주인공들은 남은 두 가지 요건인 유능성과 친밀성 사이에서 줄다리기를 한다. 따라서 지브리 영화 속 주인공 같은 캐릭터를 만들고 싶다면 능동성을 핵심 축으로 삼은 뒤 유능성과 친밀성 중 하나를 선택해 매력적인 주인공을 만들어보자.

그런데 여기서 문득 궁금해진다. 능동성이 떨어지는 주인공을 만드는 것도 가능할까? 대표적인 영국 추리소설의 주인공인 셜록 홈즈와 에르퀼 푸아로를 보자. 이들은 '명탐정'답게 유능성이 강조된다는 공통점이 있지만, 셜록 홈즈가 능동성이 강한 반면 에르퀼 푸아로는 친밀성이 강하다는 차이점이 있다.

셜록 홈즈는 직접 현장을 찾아다니며 증거를 수집하

고, 필요하다면 변장도 서슴치 않는다. 다만 그가 유능한 만큼 친밀성이 떨어지기 때문에, 독자들은 보다 친밀한 또 다른 주인공 존 왓슨의 시점에서 셜록 홈즈를 만나게 된다.

반면 에르퀼 푸아로는 대표적인 '안락의자 탐정'으로 직접 증거를 찾아다니기보다는 기존에 발견된 증거들을 토대로 여러 사람의 심리를 분석해 사건의 진상을 도출한다. 에르퀼 푸아로는 사람들을 모아두고 공연을 하듯 사건의 진상을 밝히는 탐정 캐릭터의 기원이기도 한데, 이렇듯 독자들의 눈높이에 맞춘 친절한 구성은 독자들이 느끼는 친밀함을 높인다. 이 사례에서 알 수 있듯이, 능동성이 떨어지더라도 유능성과 친밀성이 있다면 얼마든지 매력적인 캐릭터를 만들 수 있다.

✏️ 요약

- 주인공은 관객과 스토리 속 세계를 연결하는 결정적인 매개체기 때문에 매력적인 주인공을 만드는 것은 스토리의 성패에 매우 중요하다.

- 일반적으로 주인공은 완성형 주인공과 성장형 주인공으로 구분된다. 완성형 주인공은 관객에게 대리 만족을 주지만 스토리의 재미와 긴장을 반감시킬 수 있다. 따라서 사건을 흥미롭게 구성해야 한다. 성장형 주인공은 관객들이 감정이입하기 쉽지만 미숙한 면모에 답답함을 느끼기도 쉽다. 성장하는 모습을 흥미롭고 감동적으로 그려야 한다.

- 주인공이 갖춰야 할 세 가지 요건으로는 능동성, 유능성, 친밀성이 있으며, 이 세 가지 요건 중 두 가지 이상이 충족될 때 더욱 매력적인 주인공이 될 수 있다.

- 지브리 영화 속 주인공은 능동성이 강조되는 경우가 많으며, 상대적으로 떨어지는 유능성과 친밀성은 인간적인 결점을 통한 한계 부여, 다른 캐릭터와의 역할 분담 등을 통해 보완한다.

✏️ 실전 연습

- -

1. 당신의 스토리 속 주인공은 성장형에 가까운가, 완성형에 가까운가? 그런 주인공이 당신의 스토리에 필요한 이유는 무엇인가?

2. 당신의 스토리 속 주인공은 능동성, 유능성, 친밀성 중 무엇을 가장 두드러지게 갖고 있는가? 그것은 스토리 속에서 어떤 효과를 내는가? 그 특성이 가진 한계를 보완하기 위해 어떤 방법을 썼는가?

"정말이지, 쓸데없는 일손을 쓰게 됐군.

일하고 싶은 자에게 일을 준다고는

하지만⋯⋯."

— 〈센과 치히로의 행방불명〉, 유바바

4장

적대자

악당이 아닌
적대자

흥미로운 스토리를 만드는 데 있어 매력적인 적대자는 주인공만큼이나 중요하다. 적대자는 주인공과의 갈등 구도를 형성해 스토리를 끌고 가며 주제를 전달하는 중요한 역할을 맡기 때문이다. 이러한 특성 때문에 적대자는 주로 선과 악의 뚜렷한 이분법 안에서 '악'의 축을 맡게 될 때가 많은 것이 사실이다. 그러나 이는 스토리가 주인공과 적대자를 통해 어떤 갈등 구도를 만들고 어떤 주제를 전달하려 하는지에 따라 얼마든지 달라질 수 있다.

지브리 영화의 개성적인 특징 중 하나는 '악당이 없거나, 악당이라고 생각하기 어려울 정도로 매력적이다'란 사실이다. 〈천공의 성 라퓨타〉에서 라퓨타를 손에 넣어 세계를 지배하려 하는 악당 무스카처럼 논쟁의 여지가 없는 악당 캐릭터도 있긴 하지만, 사실은 무스카가 예외적인 경우에 속한다. 지브리를 대표하는 적대자인 〈센과 치히로의 행방불명〉의 유바바는 전형적인 악당처럼 보이지만 이상하리만큼 미워하기 어렵다. 유바바가 다른 사람의 이름을 빼앗아 부하로 부리는 탐욕적인 마녀라는 걸 생각하면 놀라운 일이다. 이는 유바바가 완벽한 악인이 아니라 입체적인 캐릭터이기 때문이다.

지브리의 영화들은 완벽한 악인을 묘사하는 데 큰 관심이 없어 보인다. 물론 지브리 영화 속 세계에 악인이 존재하지 않는 것은 아니다. 〈붉은 돼지〉의 세계관에서 파시스트 정권을 이끄는 무솔리니나, 〈모노노케 히메〉에서 불로불사를 얻기 위해 사슴신의 목을 가져오라 명령하는 미카도*가 대표적이다. 하지만 이들은 어디까지나 간접적으로 등장할 뿐, 캐릭터로서 직접 등장하는 경우는 매우 드물다.

지브리 영화가 시공간을 뛰어넘어 많은 이들에게 사랑받는 것은 이러한 적대자 때문이라 해도 과언은 아니다. 〈센과 치히로의 행방불명〉의 유바바와 가오나시, 〈모노노케 히메〉의 에보시, 〈벼랑 위의 포뇨〉의 후지모토, 〈그대들은 어떻게 살 것인가〉의 왜가리에 이르기까지 지브리 영화에는 악인이라고 단정 짓기 어려운 매력적인

---

* 일본의 천황의 별칭. 지코 스님은 에보시에게 미카도의 칙서를 전달하는데, 이는 지코 스님의 배후에 천황이 있다는 것을 암시한다.

적대자가 가득하다. 지브리는 어떻게 이토록 매력적인 적대자를 창조할 수 있는 것일까? 지금부터 그 비결을 탐구해보자.

매력적인 적대자 만들기

의외의 인간적인 면모를 보여줘라

매력적인 적대자를 만드는 가장 핵심적인 방법은 의외의 면모를 놓치지 않는 것이다. 여기서 의외의 면모는 '인간적인 면모'라 할 수 있다. 유바바와 후지모토가 이런 면모를 특히 잘 보여준다.

유바바는 괴팍하고 음험한 데다 잔혹하기까지 하다. 치히로의 부모에게 저주를 걸어 돼지로 만들어버리는가 하면, 치히로나 하쿠의 이름과 기억을 빼앗아 부하로 부린다. 탐욕적인 성격이라 돈을 밝히며, 돈만 있으면 뭐든지 할 수 있다고 믿는 물질만능주의자기도 하다. 거기다 유바바는 인간을 돼지로 변하게 하거나, 손짓 한 번으로 물건을 이리저리 옮기는 염동력을 구사하는 등 압도적인 카리스마를 지닌 인물이다. 유바바에 맞서 승리하는 것은 현실적으로 어려워 보인다. 하지만 그런 그가 아들 보우 앞에만 서면 완전히 다른 인물이 되어버린다. 이전까지의 카리스마는 온데간데없고 아들을 과잉보호하는 '아들 바보' 엄마만 남는다.

이런 의외의 면모는 유바바라는 캐릭터를 보다 인간적으로 만든다. 유바바에게도 약점이 있다는 것을 보여주기 때문이다. 영화의 후반부, 보우가 사라졌다는 걸 알게 된 유바바가 패닉에 빠져 말 그대로 입에서 불을 내뿜으며 하쿠에게 소리 지르는 장면은 그 정점이라 할 수 있다.

유바바   네 이놈! 우리 아가를 도대체 어디에 숨겼어?

하쿠   제니바의 집에요.

유바바   제니바?

사랑하는 아들이 숙적이나 다름없는 쌍둥이 언니 제니바의 집에 갔다는 소식에 순식간에 초라한 모습으로 변한 유바바는 불쌍하게 보일 정도다. 이처럼 그가 인간적인 면모, 의외의 면모를 드러낼수록 관객들은 유바바를 미워하기 어려워진다.

그의 인간적인 면모는 이뿐만이 아니다. 비록 탐욕적인 성격의 유바바지만, 그는 일에 있어서만큼은 프로다운 모습을 잃지 않는다. 오물신이 온천을 찾아왔을 때, 모두가 도망치기 급급한 와중에도 유바바는 치히로와 함께 꿋꿋이 남아 오물신을 환대한다. 악취를 견디지 못한 치히로가 코를 막자, 유바바는 본인의 코가 삐뚤어지는 와중에도 "손님께 실례다!"라 외치며 치히로의 실수를 교정하고, 미소를 지으며 응대를 이어나간다. 위기의 상황에서도 침착함을 잃지 않고 오물신의 정체를 간파하는가 하면, 오물신의 때를 벗기기 위해 온천의 모든 직원들을 호출해 치히로와 힘을 합치는 모습은 감동적이기까지 하다. 마침내 치히로가 오물신의 때를 벗기는 데 성공하자 유바바는 치히로를 끌어안고 기뻐하는데, 이 순간만큼은 유바바가 치히로의 적대자가 아니라 소중한 친구처럼 보일 정도다.

유바바　센! 정말 잘했다! 이게 웬 횡재냐! 그분은 유명한 강의 신이셨다. 모두 센을 본받도록! 오늘은 내가 한 턱 내겠다!

(…)

유바바   자, (강의 신이 선물로 남긴) 주운 사금은 전부 내놓
아라.

그렇다고 해서 탐욕적인 물질주의자라는 유바바의 본
질이 달라지는 건 아니지만 말이다.

후지모토는 인간적인 면모를 뚜렷하게 드러내는 또
다른 적대자다. 인간을 혐오한 나머지 바닷속에서 사는
인간 마법사 후지모토는 딸인 포뇨까지 심해 속에 가둬
놓고 키운다. 이 때문에 그는 인간 세계로 나가고 싶어
하는 포뇨를 가로막는 적대자가 되고 만다. 그를 마냥 미
워하기 힘든 까닭도 그의 인간적인 면모들 때문이다.

가장 대표적인 면모는 바로 아버지로서의 면모다. 후
지모토는 포뇨를 심해에 가둬두고 키우지만, 이는 그가
사랑하는 딸 포뇨를 인간으로부터 지키기 위해서라는
것이 밝혀진다. 포뇨는 그런 후지모토의 마음을 알아주
지 않은 채 매번 사고를 쳐서 아버지의 속을 긁어놓는다.
그래서일까, 후지모토는 유달리 '적대자'보다는 육아 피
로에 찌든 아버지 같은 인상을 준다.

후지모토가 인간을 대하는 태도도 그렇다. 그는 우물

속에 직접 만든 생명 에너지를 모아 언젠가 지구상에서 인간을 몰아내려는 계획을 세우고 있다. 하지만 포뇨가 친 사고로 세계가 위기에 처하자, 이를 막기 위해 고군분투하는 건 아이러니하게도 후지모토다. 스토리의 적대자가 세계를 구하기 위해 행동하는 것이다. 닥쳐오는 재난에도 이상할 정도로 태평한 인물들 사이에서 내적으로 가장 고통받는 것도 그다.

> **후지모토** 맙소사, 인공위성까지 떨어지기 시작했어! 별의 중력장 붕괴 제2단계!

후지모토는 세계를 구하기 위해 행동하지만, 그런 그를 이해하지 못한 사람들이 그의 속을 있는 대로 긁는 장면은 후지모토를 애처롭게 보이게까지 한다.

> **토키** 소스케! 그 녀석한테 속으면 안 돼! 병 고쳐준다고 속여서 사람들을 데려갔어. 난 절대 안 속아!
>
> **후지모토** 그러니까 시간이 없다고 말씀드렸잖습니까! (지구를 향해 다가오는 달을 가리키며) 저게 안 보이세요? 달이 더 가까이 오면 손쓸 도리가 없다니까요!

토키 나처럼 똑똑한 사람이 그런 말에 속을 줄 알아?

후지모토 (머리를 헤집으며) 아아 제발! (소스케를 향해) 소스케! 나랑 같이 가자, 세계를 구할 사람은 너뿐이야!

인간을 적대시하는 후지모토를 인간인 우리가 미워할 수 없는 까닭도 바로 이것이다. 후지모토는 마냥 사악하기만 한 마법사가 아니다. 사고뭉치 딸 때문에 속을 썩고, 위기에 처한 세계를 구하기 위해 직접 뛰어다니는 의외의 면모를 지닌 캐릭터다. 이런 인간적인 면모들은 관객들에게 의외의 연민과 호감을 불러일으킨다.

뚜렷한 신념을 갖게 하라

매력적인 적대자를 만드는 또 다른 방법은 적대자가 뚜렷한 신념을 갖게 하는 것이다. 이러한 적대자는 개인의 안위나 탐욕, 충동 때문이 아니라 나름의 선한 목표와 확고한 가치관 때문에 주인공을 가로막게 된다. 그 대표적인 캐릭터로는 〈바람계곡의 나우시카〉 속 트로메키아 왕국의 황녀 크샤나, 〈모노노케 히메〉 속 타타라 마을의 지도자 에보시가 있다. 이 중 에보시는 특별히 언급할 만하다.

지브리의 캐릭터를 통틀어서도 에보시는 가장 입체적이고 복잡한 캐릭터다. 그는 약자를 포함한 모든 인간이 인간으로 존중받는 유토피아를 꿈꾸는 이상주의자다. 타타라 마을이라는 공동체를 통해 현실에 이상향을 만들려 하는 실천력 있는 리더이기도 하다. 인간 중심적인 태도로 에보시를 평가하자면 그는 흠잡을 데 없는 초인이라 할 수 있다. 그러나 에보시가 꿈꾸는 이상향이 실현되기 위해서는 자연의 자원을 착취해야 한다. 에보시는 인간이 인간답게 살 수 있는 이상향에 대한 뚜렷한 신념을 갖고 있기 때문에 자연을 파괴하는 적대자가 된다.

하지만 에보시에 맞서는 모로 일족과 산 또한 자연을 지켜야 한다는 뚜렷한 신념을 갖고 있다. 이 때문에 아시타카가 타타라 마을에 도착했을 때 이들의 싸움은 오랫동안 교착 상태에 빠져 있었다. 여기서 우리는 뚜렷한 신념을 가진 적대자를 만들 때 주의할 점을 하나 배울 수 있다. 주인공과 적대자가 모두 뚜렷한 신념을 가지고 있고, 이것이 서로 완벽한 대칭을 이룰 경우 스토리의 진행이 어려워질 수 있다는 점이다. 게다가 이런 경우, 창작자가 섣불리 한쪽 편을 들었다가는 스토리가 특정한 이념이나 사고방식을 주입하기 위한 프로파간다로 여겨질 수 있다.

〈모노노케 히메〉는 이 문제를 영리하게 돌파해낸다. 중재자 역할을 하는 아시타카를 주인공으로 내세워 산과 에보시의 사이에서 양쪽의 입장을 충분히 경청하게 한다. 이는 교착 상태에 빠진 갈등 구도에 균열을 만들어 스토리를 진행시킬 뿐 아니라 프로파간다스러운 느낌을 걷어낸다. 더불어 관객들에게 에보시의 캐릭터성을 더욱 입체적으로 드러내준다.

물론 아시타카가 완전히 중립적인 입장이라는 건 아니다. 아시타카에게는 에보시를 적대해야 할 충분한 이유가 있다. 아시타카 팔의 저주는 에보시가 쏜 총알에 맞고 분노한 멧돼지 신이 '재앙신'이 되어 아시타카의 마을을 습격하면서 걸린 것이기 때문이다. 하지만 뚜렷하고 선한 에보시의 신념은 아시타카가 에보시에게 직접적으로 맞서지 못하게 만든다.

병든 노인 젊은이, 나도 저주받은 몸이라 자네의 분노와 슬픔은 잘 알겠네. 허나 에보시 님을 죽이진 말게. 그분은 유일하게 우리를 인간처럼 대해주신 분이야. 우리의 병을 두려워하지 않고 썩은 살을 씻기고 붕대를 감아주셨지.

122

이처럼 지브리 영화는 적대자를 단순히 주인공과 대립시키기 위한 장치로 이용하지 않는다. 그들의 신념은 캐릭터에 깊이를 부여하고, 나아가 관객에게 성찰할 거리를 던짐으로써 작품의 주제를 풍성하게 만든다. 인간을 위한 유토피아를 만들려는 에보시가 적대자임에도 매력적인 것은 그의 신념 때문이다. 그 신념이 자연과의 갈등을 야기해 세계를 멸망으로 몰고 간다는 아이러니는 스토리에 재미를 더하고 관객들에게 깊은 인상을 남긴다.

변화하고 성장하게 하라

매력적인 적대자를 만드는 또 다른 방법은 적대자를 긍정적인 방향으로 변화시켜 성장에 이르게 하는 것이다. 이는 지브리가 그리는 적대자의 가장 독특한 점이기도 하다. 주인공이 스토리를 통해 변화하고 성장하는 것처럼 적대자도 주인공과 함께 성장하는 경우가 많다. 이를 가장 잘 보여주는 캐릭터가 〈센과 치히로의 행방불명〉의 가오나시다.

영화 초반, 있는 듯 없는 듯한 희미한 존재감으로 홀로 떠돌던 가오나시는 치히로의 호의 덕분에 유바바의 온천에 들어오게 된다. 처음에 가오나시는 치히로가 온천물을 필요로 하자 몰래 도움을 주는 등 조력자에 가까운 모습을 보인다. 하지만 치히로가 계속해서 가오나시의 존재를 인식하지 못하자 가오나시는 적대자로 변모하기 시작한다.

온천 사람들이 금을 좋아한다는 걸 알게 된 가오나시는 가짜 금을 만들어내는 능력으로 한 개구리 요괴를 잡아먹고, 직원들의 접대를 받으며 괴물처럼 몸집을 불려나간다. 그러다 다시 만난 치히로가 자신이 건넨 금을 거절하고 지나가자, 가오나시는 흉폭하게 변해 직원들을 닥치는 대로 잡아먹는다. 괴물이 된 가오나시는 온천에서 난동을 부려 치히로를 자기 앞에 데려오게 만든다. 가오나시는 귀한 음식을 건네며 치히로에게 자신의 존재감을 과시하려 한다.

> **가오나시** 이거 먹어봐, 맛있다고. 아니면 금을 줄까? 너 말고는 아무도 안 주기로 했어. 이리 와서 뭘 갖고 싶은지 말해봐.

이에 치히로가 "넌 어디서 왔어? (…) 네가 왔던 곳으로

124

돌아가" 하고 말하자 가오나시는 몸을 일그러뜨리며 괴로워한다. 희미한 정체성과 그로 인한 외로움이 가오나시가 가진 커다란 내적 문제였다는 것을 보여주는 명장면이다. 괴로워하는 가오나시에게 치히로는 강의 신에게 받은 정화의 영약을 먹이고, 가오나시는 심상치 않은 반응을 보이며 구토를 하기 시작한다. (이후 가오나시는 치히로를 뒤쫓으며 한바탕 추격전을 벌인다. 이 장면은 영화사에 길이 남을 명장면이면서도 굉장히 충격적이라, 극장에서 영화를 보고 있던 어린이들이 겁에 질려 울음을 터뜨린 일화로도 유명하다. 9장(표현)에서 살펴보겠지만 지브리 영화는 이렇게 그로테스크한 표현을 서슴치 않는데, 이는 지브리 영화가 오랫동안 기억에 각인되는 이유이기도 하다.)

　모든 것을 토해낸 가오나시는 언제 그랬냐는 듯 말없이 앉아 치히로와 함께 여행을 떠나게 된다. 이를 통해 가오나시가 괴물처럼 변했던 것은 자아와 정체성이 희미한 나머지 주변의 영향을 쉽게 받았던 탓이라는 것이 간접적으로 드러난다.

　제니바　넌 여기 남아서 나를 좀 도와주거라.

유바바의 선량한 쌍둥이 언니 제니바의 집에 도착한 가오나시가 그 집에 머무르게 되는 장면이 감동적인 이유가 바로 여기에 있다. 있어야 할 곳을 찾지 못하고 조력자, 적대자를 거치며 부유하던 가오나시가 마침내 자신이 있어야 할 곳을 찾는 장면이기 때문이다. 이같이 적대자의 성장은 캐릭터를 한층 더 입체적으로 만들며, 관객들에게는 주인공의 성장을 보는 것 못지 않은 감동을 느끼게 한다.

성장하는 적대자 가오나시는 〈센과 치히로의 행방불명〉의 높은 인기와 완성도에 크게 기여한 캐릭터로 평가받는다. 이 영화가 지금까지도 큰 관심과 사랑을 받는 데에는 가오나시의 역할을 부정하기 어렵다. 지브리 영화는 이 밖에도 〈센과 치히로의 행방불명〉 속 보우, 〈하울의 움직이는 성〉 속 황야의 마녀, 〈그대들은 어떻게 살 것인가〉 속 왜가리 등을 통해 변화하고 성장하는 적대자의 매력을 성공적으로 보여준다.

물론 작품의 장르나 성격에 따라 평면적인 적대자가 확실한 불행을 맞는 결말이 필요할 때도 있다. 하지만 적대자가 성장과 변화를 이룰 때, 스토리는 더욱 매력적이고 깊이 있어진다.

그런데 여기서 이런 궁금증이 생길 수 있다. 대다수의 작품에서 적대자를 변화 또는 성장시키지 않는 이유는 무엇일까? 그러한 적대자로 인해 스토리의 개연성이 흐려지고 균형이 망가질 수 있다는 난점이 있기 때문이다. 스토리에서 적대자는 주인공의 목표 달성을 방해하는 역할을 하는데, 적대자가 너무 많이 변화하고 성장할 경우 그들의 동기와 행동이 일관성을 잃고 주인공과의 갈등 구도도 모호해질 수 있다. 또한 적대자가 지나치게 매력적일 경우 주인공의 매력이 상대적으로 반감되어 작품의 주제가 흐려지거나 관객의 공감을 얻기 힘들어질 수 있다.

지브리 영화 중에서도 입체적이지 않은 악당이 등장하는 경우가 있다. 앞서 말한 〈천공의 성 라퓨타〉의 적대자 무스카는 그야말로 전형적인 악당이다. 그래서 그는 주인공들이 지향하는 선한 가치와 명백한 대비를 이루며 영화의 주제를 뚜렷하게 만들어준다.

정리하자면 적대자의 변화와 성장을 그릴 때는 그것이 주인공의 변화와 성장보다 돋보이지 않게 하는 것이 중요하다. 적대자의 매력이 주인공의 매력을 집어삼켜서는 안 된다. 결국 〈센과 치히로의 행방불명〉이 영화사에 길이 남을 걸작으로 인정받는 이유는 주인공 치히로의 성장을 무엇보다 아름답게 그려냈기 때문이라는 것을 명심하자.

적대자가 없는
스토리 만들기

지금까지 매력적인 적대자를 만드는 방법을 살펴보았다. 그런데 적대자 없이 흥미로운 스토리를 만드는 것도 가능할까? 우리는 지브리를 통해 그 답을 찾아볼 수 있다. 지브리 영화의 놀라운 점 중 하나는 뚜렷한 적대자가 등장하지 않는 경우도 많다는 것이다. 대표적인 작품으로는 〈이웃집 토토로〉, 〈마녀 배달부 키키〉, 〈바람이 분다〉가 있다.

물론 스토리에 적대자가 반드시 필요한 것은 아니다. 일상물이나 옴니버스, 로맨스 등 장르에 따라 적대자가 없는 경우도 흔하다. 그럼에도 지브리 영화가 특별한 이유는 뚜렷한 적대자 없이도 능수능란하게 갈등과 사건, 나아가 드라마를 만들어내는 데 있다.

〈이웃집 토토로〉와 〈마녀 배달부 키키〉에는 명시적인 적대자가 등장하지 않는다. 갈등, 사건, 드라마가 발생하기 위해서는 적대자가 필요하지만, 이들 영화는 적대자 없이도 갈등과 사건, 드라마를 형성한다. 이것이 가능한 이유는 이 영화들이 인물의 내면에 주목하고 있기 때문이다. 예를 들어 〈이웃집 토토로〉의 중심 사건에는 '메이의 실종'이 있다. 어머니의 퇴원이 미뤄졌다는 소식을 들은 메이는 어머니를 만나기 위해 무작정 병원으로 떠났다가 실종된다. 이 사건은 단순한 사고가 아니라, 가족이 처한 어려운 상황과 그로 인한 메이 내면의 갈등에서 비롯된 것이다.

여기서 주목해야 할 점은 메이가 이 영화의 적대자가 아니라는 것이다. 메이의 행동은 사건과 갈등을 일으키지만, 그 행동의 근원에는 어머니의 병, 새로운 환경으로의 이사 등 가족이 처한 상황이 있다. 메이는 이 상황의 피해자이며 그의 행동은 이 상황에 대한 반응일 뿐이다. 즉, 갈등의 진정한 원천은 가족이 처한 상황적 어려움과 그로 인한 불안, 두려움, 그리움 등의 복잡한 감정이다. 이는 전형적인 적대자가 존재하는 스토리와는 다르다. 적대자가 있는 스토리에서는 주인공의 목표 달성을 의

도적으로 방해하는 존재가 있지만, 여기서는 그런 존재가 없다. 그 대신 상황과 환경, 그로 인한 내면의 갈등이 스토리를 이끈다.

〈마녀 배달부 키키〉도 마찬가지다. 이 영화의 중심 사건에는 '키키의 슬럼프'가 있다. 이 사건의 결정적인 계기는 키키에게 배달을 의뢰한 한 노부인이 손녀를 위해 힘겹게 만든 파이다. 키키는 노부인을 위해 중요한 약속도 포기하고 함께 파이를 구워 손녀에게 배달한다. 하지만 손녀는 할머니의 선물을 못마땅해하며 마지못해 파이를 받는다. 이에 키키는 기대와 다른 도시 생활에 대한 좌절이 극에 달해, 하늘을 나는 능력을 잃어버리고 만다.

여기서 노부인의 손녀는 키키의 적대자가 아니라는 점에 주목해야 한다. 키키가 하늘을 날지 못하게 된 원인은 키키 자신의 내면에 있다. 비행 외에는 마녀로서 별다른 재능이 없다는 열등감과 타향 생활에 대한 지나친 기대감이 키키를 슬럼프에 빠뜨린 진짜 원인이다. 이런 사례들은 인물의 내면에 집중한다면 적대자 없이도 스토리를 만들 수 있다는 것을 보여준다.

적대자가 없는 영화는 갈등, 사건, 드라마가 만들어지기 어려운 탓에 지루하거나 심심해지기 쉽다. 그러니 적

130

대자 없이도 흥미로운 스토리를 만들고 싶다면 인물이 가진 내면의 결점에 주목해, 이를 통해 갈등을 만들어보자.

✎ 요약

- 주인공에 대적해 갈등과 사건을 만들고 스토리를 진행시키는 적대자는 흥미로운 스토리를 만드는 데 지대한 역할을 맡는다. 지브리 영화 속 적대자는 악당과는 구별되는 입체적인 존재로 그려지는 경우가 많다.

- 적대자를 매력적으로 만들기 위해서는 의외의 모습을 통해 인간적인 면모를 강조하고, 뚜렷한 신념을 갖고 행동하게 만들고, 성장하는 모습을 보여줘 입체성을 부여해야 한다.

- 스토리의 주제나 성격에 따라 명시적인 적대자가 등장하지 않는 경우도 있는데, 이러한 경우 주인공이 가진 내면의 결점이나 한계가 적대자의 역할을 대신한다.

✏ 실전 연습

- -

1. 스토리의 주제와 성격을 고려했을 때, 당신의 스토리에 필요한 적대자의 유형은 무엇인가? 입체적인가, 평면적인가? 명시적으로 드러나는가, 아닌가?

2. 당신의 스토리 속 적대자는 어떤 의외의 모습과 인간적인 면모를 갖고 있는가?

3. 당신의 스토리 속 적대자는 어떤 뚜렷한 신념을 갖고 있는가? 이 신념은 주인공과 어떤 면에서 대립하는가?

4. 스토리의 시작과 끝을 비교했을 때, 당신의 스토리 속 적대자는 어떤 면에서 얼마나 변화하는가? 이 변화는 전체 스토리에서 어떤 기능을 하는가?

5. 당신의 스토리에 명시적인 적대자가 없다면, 스토리의 어떤 요소가 적대자의 역할을 대신하는가?

"내 바론 남작을 주인공으로 삼고
싶다고? 좋다마다, 다만 조건이 있다.
내가 시즈쿠 작품의 첫 번째 독자가
되고 싶구나."

— 〈귀를 기울이면〉, 시로

5장

조력자

이름 없는 조력자는
스토리의 정서를 만든다

'지브리 영화'라고 하면 어떤 분위기가 떠오르는가? 아마 많은 사람들이 차갑고 냉소적인 분위기보다는 온화하고 따스한 분위기를 연상할 것이다. 지브리 특유의 온화하면서도 친절한 정서는 어디에서 오는 것일까? 그 핵심에는 주인공을 돕는 캐릭터, 조력자가 있다.

지브리 영화에는 많은 조력자가 등장한다. 〈천공의 성 라퓨타〉 속 해적단장 도라, 〈마녀 배달부 키키〉 속 키키의 손님인 노부인과 화가 친구 우르슬라, 〈센과 치히로의 행방불명〉 속 가마 할아범과 선배 린, 마법사 할머니 제니바와 〈벼랑 위의 포뇨〉 속 소스케의 엄마 리사에 이르기까지 다채로운 조력자 캐릭터가 나오며, 영화의 다정한 분위기를 형성한다.

지브리 영화의 특이한 점은 이처럼 중요한 조력자 캐릭터뿐만 아니라 일회성으로 등장하는 이름 없는 캐릭터가 조력자의 역할을 수행하는 경우가 많다는 것이다. 이들은 주인공이 위기에 처했을 때 나타나 말없이 도움을 주고 떠나곤 한다. 그 대표적인 캐릭터가 바로 〈센과 치히로의 행방불명〉의 누에신이다. 그릇처럼 생긴 모자를 쓴 무 형상의 누에신은 유바바의 사무실에 찾아가던 치히로가 인간이라는 사실이 들통날 위기에 처했을 때 등장한다. 신들의 세계는 인간의 출입이 용납되지 않기 때문에 목숨을 잃을 수도 있는 절체절명의 상황. 누에신은 알게 모르게 치히로가 다른 이들의 눈에 뜨이지 않게 감춰준다.

〈마녀 배달부 키키〉에서도 비슷한 캐릭터를 발견할 수 있다. 도시에서의 첫 업무로 고양이 인형을 배달하게 된 키키는 돌풍을 만나 인형을 잃어버리고 만다. 키키는 반려묘 지지가 인형으로 위장해 시간을 버는 동안 떨어뜨린 인형을 되찾아오지만, 문제는 들키지 않고 지지와 인형을 바꿔치기할 방법이 없다는 것. 이때 손님의 집에 있던 늙은 개가 키키와 지지에게 도움을 준다.

지지   (늙은 개를 가리키며) 저분 덕분에 간신히 버텼어! 자기가 인형을 갖다준대.

키키   (늙은 개에게 인형을 건네며) 부탁해도 되겠습니까?

이처럼 이름 없는 조력자들의 존재는 스토리에 온화한 정서를 더하며 특유의 분위기를 형성한다. 또 이들이 플롯 장치로 활용되는 기능상의 캐릭터를 넘어설 때 스토리는 더욱 생동감을 얻게 된다. 욕망과 개성, 의지를 갖고 행동하는 존재로 가득 찬 생생한 세계가 되기 때문이다.

단, 이와 같은 전개가 남발된다면 난관의 극복이 너무 작위적이라거나 운에 좌우된다고 느껴져 개연성이 떨어지는 것처럼 보일 수 있다. 이를 방지하려면 기본적으로 이런 우연한 해결에 너무 기대서는 안 된다. 또한 이 문제는 조력자 캐릭터의 속내를 알 수 없게 만드는 것으로도 어느 정도 해소할 수 있다. 누에신이나 늙은 개 모두 주인공들이 위기를 해치고 나올 때까지 그들이 정말로 도움을 주는 것인지, 아니면 다른 속내가 있는 것인지 알수 없다. 이는 관객들이 해당 장면을 보는 동안 긴장을 놓지 못하게 만든다. 마침내 주인공이 위기에서 벗어나고 조력자들의 선의가 암시될 때, 관객들은 안도의 한숨을 내쉬며 그들의 동기를 추정해본다. 그들은 원래부터 친절한 심성의 소유자일까? 아니면 심심해서 변덕을 부려본 걸까? 그 동기가 불분명하기 때문에, 이러한 조력자들의 등장과 도움은 작위적인 것으로 보이지만은 않는다. 대신 이들은 스토리의 변두리에서 자신만의 이유로 행동하는 복잡한 캐릭터라는 인상을 준다.

 ## 조력자는 주인공의 성장을 돕는다

이제 본격적인 조력자에 대한 이야기로 들어가보자. 조력자가 스토리에서 수행하는 대표적인 역할은 주인공이 스토리 전체에 걸쳐 이루려는 목표를 달성할 수 있도록 주인공의 성장을 돕는 것이다.

주인공을 돕는 방법은 다양할 수 있는데, 먼저 정서적 안정을 제공하는 방식이 있다. 〈마녀 배달부 키키〉 속 빵집 주인 오소노와 후쿠오 부부가 대표적이다. 이들 부부가 초면인 키키에게 선뜻 방을 내주는 장면이나 키키가 감기에 걸려 고열에 시달릴 때 우유 죽을 끓여주는 장면 등을 보고 있노라면, 이들 없이 키키가 도시에 정착하는 건 불가능했을 거란 생각이 든다. 이처럼 오소노와 후쿠오 부부는 키키가 기댈 수 있는 환경을 바탕으로 마음 놓고 성장할 수 있게 돕는데, 이들의 존재 덕분에 관객들은 편안히 키키의 성장을 따라갈 수 있게 된다.

좀 더 직접적으로 주인공에게 가르침을 주며 성장을 돕는 조력자도 있다. 〈센과 치히로의 행방불명〉의 감초라 할 수 있는 가마 할아범이 그렇다. 그는 치히로에게 처음 일거리를 주고 린을 소개해준 인물이기도 하지만, 무엇보다 책임감을 가르쳐준 스승이라는 점에서 주목할 만하다.

가마 할아범 한번 손댔으면 끝까지 해!

가마 할아범의 이 외침은 〈센과 치히로의 행방불명〉을 관통하는 중요한 주제이기도 하다. 이때 배운 책임감으로 치히로는 영화 내내 꾸준히 성장한다.

주인공 중 한 명이 조력자의 역할을 할 수도 있다. 〈이웃집 토토로〉의 토토로는 영화의 전면을 장식하는 캐릭터지만 그 역할은 주인공보다는 조력자에 가깝다. 메이가 길을 잃고 실종되자 사츠키는 토토로에게 도움을 청한다.

사츠키 토토로, 메이가 사라졌어. 찾아다녀도 보이지 않아. 부탁이야, 메이를 찾아줘! 어디선가 울고 있을 거야. 어떡해야 할지 모르겠어…….

토토로가 울음을 터뜨리는 사츠키에게 여유로이 미소 지으며 고양이 버스를 부르고, 고양이 버스가 메이를 찾아 달리는 장면은 〈이웃집 토토로〉 최고의 명장면이다. 여기서 토토로의 도움으로 모든 문제가 허무할 정도로 손쉽게 해결된다. 그럼에도 이 장면이 데우스 엑스 마키나*로 여겨지지 않는 이유는 자매와 토토로의 교감이 영화 전반을 통해 충분히 설명되었기 때문이다. 이는 조력자를 효과적으로 활용하는 중요한 방법을 알려준다. 주인공과 조력자의 관계를 스토리 전반에 걸쳐 서서히 발전시켜, 조력자의 도움을 갑작스러운 것이 아니라 그들이 쌓아온 관계의 자연스런 결과로 보이게 해야 한다. 또한 조력자의 결정적 도움은 주인공이 스스로의 한계에

---

* 데우스 엑스 마키나deus ex machina. 기계장치를 이용해 하늘에서 내려온 신을 뜻한다. 고대 그리스 연극에서 문제를 해결하기 위해 기계장치에 매달린 배우가 신으로 등장하던 것에서 유래한 용어로, 스토리에서 갈등을 해소하거나 결말을 짓기 위해 뜬금없는 장치를 등장시키는 것을 비판적으로 일컫는다.

부딪힌 후에 나오게 하는 것이 좋다. 이렇게 했을 때 주인공의 노력을 무효화하지 않으면서도 조력자의 역할을 부각할 수 있다.

조력자는 존재 그 자체로 창작자의 주제의식을 드러낼 수도 있다. 지브리 영화에서 오소노와 후쿠오 부부, 가마 할아범, 토토로와 같은 조력자들은 아이들이 마음껏 실수하며 성장할 수 있게 돕는다. 이러한 모습은 '사람은 성장하는 과정에서 누구나 실수를 하며, 어린이라면 더욱 그렇다'는 미야자키 하야오의 주제의식을 간접적으로 보여준다.

 ## 조력자의 한계

그러나 조력자의 도움에 한계가 없는 것은 아니다. 그 한계가 어디까지냐는 질문에 지브리 영화는 이렇게 답한다. 〈마녀 배달부 키키〉 속 우르슬라가 키키에게 조언하는 장면을 기억하는가?

우르슬라 마법하고 그림은 비슷하네. 나도 안 그려질 때가 종종 있어.

키키　정말요? 그럴 땐 어떻게 해요? 사실 전에는 아무 생각을 안 해도 날았는데, 어떻게 해야 날았는지 지금은 전혀 모르겠어요.

우르슬라　그럴 때는 미친 듯이 그릴 수밖에 없어. 계속 그리고 또 그려야지!

키키　그래도 날 수 없으면 어떡하죠?

우르슬라　그리는 걸 포기해. 산책이나 경치 구경, 낮잠을 자거나 아무것도 하지 마. 그러다가 갑자기 그림이 그리고 싶어지지.

우르슬라의 이 조언은 분명 키키가 정서적인 안정을 되찾고 깨달음을 얻는 데 결정적인 실마리가 된다. 하지만 이 조언을 실행에 옮기고 슬럼프를 극복하는 일은 키키가 해야 할 몫이다.

〈센과 치히로의 행방불명〉의 주제를 함축하고 있다고 해도 과언이 아닌 조력자, 제니바도 마찬가지다. 가마 할아범에게서 배운 책임감을 가지고 하쿠의 잘못을 대신 사과하러 온 치히로는 제니바의 소박하고 아름다운 삶에 감명받는다. 제니바를 만날 무렵의 치히로에게는 해결해야 할 일이 산더미처럼 쌓여 있다. 유바바에게서 하쿠도 구해야 하고, 저주에 걸려 돼지가 된 부모님도 구해야 한다. 치히로의 사정을 들은 제니바는 이렇게 말한다.

> **제니바** 나도 널 돕고 싶지만 혼자서는 방법이 없단다. 그게 이 세계의 규칙이니까. 네 부모를 구하든, 남자친구인 용을 구하든 네가 직접 해야 한다.
>
> **치히로** 그럼 힌트라도 주실 순 없나요? 하쿠랑 저는 오래전에 만난 듯해요.
>
> **제니바** 그렇다면 얘기가 빨라지지. 한번 일어난 일은 잊을 수 없는 법! 다만 기억이 나지 않을 뿐이야.

이 대화에선 조력자의 한계가 명확히 표현된다. 문제의 해결은 주인공이 스스로 해야만 한다는 것. 제니바가 말하는 '이 세계의 규칙'은 스토리텔링의 법칙을 은유하는 메타적 표현*이기도 하다. 하지만 '한번 일어난 일은

---

* 작품 자체나 작품의 창작 과정, 해당 장르의 관습 등을 작품 내에서 언급하거나 암시하는 표현 기법이다. 여기서 '이 세계의 규칙'은 표면적으로는 영화 속 세계관을 가리키지만, 동시에 스토리텔링의 기본 원칙, 즉 주인공이 스스로 문제를 해결해야 한다는 법칙을 간접적으로 언급하고 있다.

잊을 수 없다'는 제니바의 말은 결정적인 조언이 되어 지브리 영화를 통틀어 가장 아름다운 클라이맥스로 이어진다. 하쿠의 등에 올라탄 치히로가 하쿠를 만났던 순간을 기억해낸 장면 말이다.

이처럼 지브리 영화의 감동적인 클라이맥스의 배후에는 주인공의 깨달음과 성장을 돕는 조력자가 있다. 인간이 홀로 성장할 수 없듯, 캐릭터도 마찬가지다. 주인공의 성장을 위해서는 조력자의 적절한 도움이 필수적이라는 것을 기억하자.

적대자를
조력자로 전환하라

4장(적대자)에서 잠깐 언급한 것처럼, 성장과 변화를 거친 적대자를 조력자로 활용할 수도 있다. 〈센과 치히로의 행방불명〉의 보우, 〈천공의 성 라퓨타〉의 도라, 〈그대들은 어떻게 살 것인가〉의 왜가리가 그 대표적인 경우다.

처음 만났을 때 치히로의 팔을 붙잡고 놀아달라고 떼

쓰던 보우는 치히로와 함께 여행을 다니는 동안 극적인 성장을 이룬다. 유바바의 과잉 보호 탓에 걷는 법도 배우지 못했던 보우는 모험이 끝나고 돌아왔을 때 두 발로 서서 유바바를 깜짝 놀라게 한다. 또 놀아주지 않으면 유바바를 불러 죽이겠다거나, 팔을 부러뜨리겠다고 협박하던 보우는 어느새 치히로의 든든한 조력자가 되어 유바바에 맞선다.

> **보우** 엄마, 치사한 짓 그만해. 난 엄청나게 재미있었어.
>
> **유바바** 하지만 이건 규칙이야, 규칙을 어기면 저주는 안 풀려!*
>
> **보우** 센을 울리면 엄마를 미워할 거야.
>
> **유바바** 그런 심한 말을!

〈천공의 성 라퓨타〉의 도라는 더욱 극적이다. 초반까지만 하더라도 도라는 주인공 소녀 시타의 비행석을 노리는 전형적인 악당이자 적대자로 등장한다. 도라의 목

---

* 앞선 제니바의 대사와 마찬가지로, 이 대화 속 '규칙' 또한 주인공이 직접 사건을 해결하지 않으면 스토리가 끝나지 않는다는 스토리텔링 법칙에 대한 메타적인 표현이다.

적이 시타가 가진 비행석을 갈취하는 것이므로, 주인공의 목적 달성을 방해하는 존재라는 점에서 도라는 분명 적대자다. 하지만 이 영화의 또 다른 적대자 무스카가 시타의 비행석을 빼앗았을 때 도라가 위기에 처한 주인공들을 도와주면서, 이들의 관계는 역동적으로 변화하기 시작한다.

> **파즈** 할머니, 우리도 해적선에 태워줘요.
>
> **도라** 선장님이라 불러. 비행석도 없는 녀석들을 뭣하러?
>
> **파즈** 일할게요.
>
> **시타** 라퓨타의 진짜 모습을 보고 싶어요.
>
> **도라** 라퓨타의 보물도 싫고 단지 정체를 밝힌다고? 해적선에 태우기엔 동기가 불순해. (둘을 해적선에 받아들이며) 말썽 피우면 바다에 던져버릴 테다!

시타와 파즈가 무스카를 무찌른 뒤, 지상으로 내려갈 길이 없는 두 사람을 구해주는 것도 도라다. 무스카와 맞서는 과정에서 머리카락을 잘라야 했던 시타를 위로하는 도라의 변화는 초반에 시타를 위협하던 모습과 대비를 이루며 관객들에게 깊은 감동을 준다. 이처럼 적대자로만 보이던 도라가 두 주인공에게 서서히 마음을 열며 조력자가 되어가는 과정은 이 영화의 또 다른 백미라 할 수 있다.

〈그대들은 어떻게 살 것인가〉 속 왜가리의 역할 전환도 마찬가지다. 영화의 초반부에서 왜가리는 주인공 마히토를 죽음의 세계로 데려가려 하는 음험한 존재다. 그가 흡사 저승사자같이 마히토를 속이고 괴롭히는 모습은 전형적인 악당처럼 보인다.

하지만 마히토와 함께 지하 세계를 여행하는 동안 왜가리는 점차 마히토에게 마음을 연다. 영화의 결말부에서 마히토가 왜가리를 친구라 호명하자 그는 당혹스러워하면서도 깊은 감동을 받는다. 그래서일까, 세계가 무너지는 와중에도 왜가리는 온 힘을 다해 마히토를 구하며 그가 살아서 현실 세계로 돌아오는 데 결정적인 도움을 준다.

이처럼 역동적인 역할의 전환은 캐릭터가 깊이를 갖게 되는 결정적인 비결이다. 조력자에서 적대자로, 적대자에서 조력자로 변하는 모습을 보며 관객들은 그 캐릭터의 새로운 면모를 발견하고, 그들을 더 깊이 이해하게 된다.

이것은 또한 선과 악은 이분법적으로 나눌 수 없으며, 환경에 따라 사람은 선인도 악인도 될 수 있다는 미야자키 하야오의 주제의식과도 연결된다.

이처럼 스토리텔링에서 조력자의 역할은 간과할 수 없다. 이들은 스토리의 정서와 분위기를 만들고 작품 속 세계의 깊이와 풍성함, 그리고 생생함을 더할 뿐더러, 영화의 주제에도 기여한다. 스토리를 만들 때 주인공과 적대자만큼이나 조력자에도 공을 들여야 하는 이유가 바로 여기에 있다.

✎ 요약

- -

– 지브리 영화 속 조력자가 영화의 온화한 정서에 기여하는 것처럼, 조력자는 작품 전반의 정서와 분위기를 결정짓는 중요한 요소다. 자기만의 욕망과 개성을 가진 조력자는 스토리를 더 생동감 있게 만든다.

– 조력자는 정서적인 안정과 보호를 제공하거나, 때로는 엄격한 가르침을 통해 주인공의 성장을 돕는 역할을 한다. 나아가 작품의 주제나 창작자의 주제의식을 표현하기도 한다.

– 하지만 조력자는 어디까지나 주인공의 문제 해결을 돕는 보조적인 역할만을 수행해야 한다.

- 적대자와 조력자의 경계는 때로 모호하며, 적대자가 조력자로 변모하는 경우도 있다. 이러한 역할 전환은 스토리에 역동성을 더하는 동시에 그 캐릭터에 깊이와 입체감, 생생함을 더한다.

✎ 실전 연습

---

1. 당신의 스토리 속 조력자는 스토리의 정서에 어떤 식으로 영향을 미치는가?

2. 당신의 스토리 속 조력자는 어떤 방식으로 주인공을 돕는가? 조력자의 도움이 지나치지는 않은가?

3. 당신의 스토리 속 조력자는 평면적이거나 도구적으로 그려지지는 않는가? 만약 그렇다면, 살아 숨 쉬는 입체적인 캐릭터가 되기 위해 무엇이 필요할까?

"어리석은 인간들이여, 너희는 자연의
증오와 한을 알아야 한다……."

— 〈모노노케 히메〉, 재앙신 나고

6장

사건과
드라마

갈등:
사건을 일으키는 에너지

스토리를 만드는 사람이라면 갈등의 중요성은 지겨울 만큼 들었을 것이다. 갈등은 스토리를 전진시키는 원동력이며, 캐릭터를 성장시키고 작품의 주제를 전달한다. 또 갈등을 통해 삶의 복잡성을 표현하여 작품의 깊이를 더하고, 긴장감을 조성하여 관객의 흥미를 유발한다. 이처럼 갈등은 핵심적인 스토리 요소인 만큼 다시 한 번 기본적인 개념을 짚고 넘어가자.

'갈등'이라는 말은 왼쪽으로 자라는 칡나무와 오른쪽으로 자라는 등나무가 서로 얽히고설킨 모습에서 유래했다. 즉 둘이 서로 어지럽게 꼬여 쉽게 풀기 어려운 모양이 된 것이 곧 갈등이다. 여기서 주목해야 할 것은 '쉽게 풀기 어렵다'는 점이다.

스토리텔링에서 갈등은 크게 내적 갈등과 외적 갈등으로 나눌 수 있다. 내적 갈등은 인물의 내면에서 발생하는 갈등이며, 외적 갈등은 등장인물을 둘러싼 외부 요인에 의해 발생하는 갈등이다. 내적 갈등은 인물의 마음속에서 일어나는 고민과 불안, 방황과 같은 심리적이고 도덕적인 딜레마와 관련이 있다. 그래서 내적 갈등은 인물의 성격과 내면을 깊이 있게 탐구하는 계기가 된다.

반면에 외적 갈등은 인물과 인물 사이의 갈등(주로 주인공과 적대자 사이의 갈등으로 나타난다), 인물과 사회의 갈등(주로 주인공이 자신이 속한 사회적 환경에 적응하지 못해 발생하는 갈등으로 나타난다), 인물과 자연의 갈등(주로 자연재해나 재난의 형태로 나타난다), 인물과 운명의 갈등(주로 정해진 운명의 형태로 나타난다)으로 나뉘며, 극적 재미와 긴장감을 유발해 스토리를 흥미롭게 만드는 데 기여한다. 일반적으로 외적 갈등의 극적인 재미는 앞에서 나열한 순서대로 강하다(인물>사회>자연>운명). 이는 운명과의 갈등에서 자연, 사회, 인물과의 갈등이 될수록 충돌과 대립이 명확하게 나타나기 때문이다.

지브리 영화 중 외적 갈등이 가장 전면에 드러난 작품 〈모노노케 히메〉에서는 앞서 설명한 모든 종류의 외적 갈등이 발견된다. 자연을 대표하는 산과 모로 일족, 그리고 인간을 대표하는 에보시 간의 갈등은 인물과 인물 사이의 갈등을 보여준다. 이들의 첨예한 갈등은 인물들이 물리적으로 충돌해 큰 상처를 남기는 장면을 통해 눈에 보이는 결과로 형상화된다.

인간인 산과 숲의 다른 존재들과의 관계는 인물과 그가 속한 사회의 갈등을 보여준다. 들개 신 모로는 산을 거두어 딸로 키웠지만, 자연의 존재들은 산 또한 인간이기 때문에 동료로 받아들일 수 없다는 입장을 보인다. 유인원 일족인 성성이들과 산, 모로 일족의 대화가 이를 보여주는 대표적인 장면이다.

> **성성이** 인간이 나무를 베서 숲이 죽어가는 거야. 인간은 죽여야 해.
>
> **산** 우리에겐 사슴신이 있어, 계속 나무를 심도록 해! 모로 일족이 끝까지 싸울게.
>
> **성성이** 사슴신은 싸우지 않아. 우린 죽을 거야. 넌 죽지 않아, 인간이니까.
>
> **들개 형제** 헛소리 그만해, 물어뜯어 버린다!

이처럼 산은 인간 세계와 자연 세계 어느 곳에도 제대로 속하지 못하는 아웃사이더의 모습을 보여준다.

영화의 후반부에 에보시가 사슴신의 목을 터뜨린 뒤에는 인물과 자연의 갈등이 전면에 드러난다. 목을 잃어버린 사슴신은 거인 괴물인 다이다라봇치가 되어 세상을 죽음으로 물들이기 시작한다. 이처럼 인간과 자연의 갈등은 분노한 자연의 힘이 압도적인 만큼 인간이 일방적으로 재해를 피해 생존하는 사투로 전개되는 경우가 많다.

인물과 운명의 갈등은 〈모노노케 히메〉 전반을 아우른다. 아시타카는 재앙신의 저주에 걸려 죽음을 피할 수 없는 숙명을 갖게 된다. 아시타카가 이 운명에 저항하기 위해 타타라 마을과 사슴신의 숲을 찾는 것이 영화의 기본적인 플롯을 구성한다.

〈모노노케 히메〉는 지브리 영화를 통틀어 가장 오락적인 재미가 강한 작품으로 여겨진다. 그 이유를 짐작하는 건 어렵지 않은데, 이 영화가 지브리 영화들 중 외적 갈등이 가장 두드러지기 때문이다. 이처럼 외적 갈등은 스토리에 역동성과 긴장감을 부여한다. 갈등 상황에서 보여주는 캐릭터의 선택과 행동을 통해 관객이 그 캐릭터를 보다 잘 이해할 수 있게 만드는 효과도 있다.

그렇다면 내적 갈등은 어떨까? 앞서 말한 것과 마찬가지로 내적 갈등은 인물의 성격과 내면을 깊이 탐구할 수 있게 해준다. 일례로 〈모노노케 히메〉에서 아시타카는 인간의 편에 설 것인가, 자연의 편에 설 것인가를 두고 깊은 내적 갈등을 겪는다. 에보시가 이끄는 타타라 마을은 인간의 입장에서는 궁극적인 이상향과 다름없다. 하지만 이 마을은 자연을 착취함으로써 유지된다. 이 때문에 아시타카는 어려운 선택의 기로에 서는데, 그가 이 내적 갈등을 진중하게 겪어내는 모습을 보며 관객은 아시타카의 내면을 더욱 깊이 이해하게 된다.

　내적 갈등과 외적 갈등은 각각의 장단이 있다. 내적 갈등은 스토리의 깊이를 만든다는 점에서 중요하지만, 내적 갈등만으로 스토리를 흥미롭게 끌고 가는 것은 쉽지 않다. 인물에 대한 충분한 감정이입이 이뤄지지 않았다면 인물 내면의 갈등은 지루하게 느껴질 수 있다. 따라서 내적 갈등은 사건을 통해 자연스럽게 표면에 드러나야 한다. 반대로 외적 갈등은 극적 재미와 긴장감을 불어넣지만, 이것이 지나치면 관객에게 피로감을 주거나 깊이가 부족하다는 인상을 줄 수 있음을 주의해야 한다.

　여기서 한 가지 의문이 생길 수 있다. 만약 우리가 4장(적대자)에서 언급한 것처럼 뚜렷한 적대자 없이 인물의 내면에 집중하는 스토리를 만든다면, 이러한 내적 갈등의 한계는 어떻게 보완해야 할까? 바로 내적 갈등과 외적 갈등 간 전환이 유용한 방법이 될 수 있다. 명시적인 적대자가 나오지 않는 대표적인 지브리 영화 〈마녀 배달부 키키〉를 통해 이러한 전환의 사례를 살펴보자.

꿈을 위해 홀로 상경한 견습 마녀 키키는 차가운 도시 생활에 적응하는 데 어려움을 겪는다. 이는 외적 갈등의 유형 중 '인물과 사회의 갈등'에 속하는데, 이 갈등은 곧 키키의 실망과 슬럼프라는 내적 갈등으로 전환된다. 이러한 전환은 스토리를 여러 방면에서 풍부하게 만든다. 우선, 스토리의 초점이 캐릭터의 내면과 성장에 맞춰져, 적대자와의 갈등 없이도 캐릭터의 발전을 중심으로 스토리를 끌어나갈 수 있게 한다. 또한 갈등을 내면화하여 캐릭터의 내적 고민으로 표현함으로써 스토리에 깊이를 더한다. 갈등의 전환이 단순히 스토리를 진행시키는 기법을 넘어, 캐릭터와 세계관을 풍부하게 만들고 관객과의 정서적 연결을 강화하는 핵심적인 요소로 작용하는 것이다.

반대로 내적 갈등이 외적 갈등으로 전환되는 경우도 있다. 슬럼프라는 내적 갈등으로 고민해온 키키는 영화 후반부에서 큰 시련을 맞는데, 도시에 강풍이 지나가며 비행선이 의도치 않게 떠오르는 사고가 발생했을 때 키키의 친구 톰보가 사고에 휘말린 것이다. 키키는 톰보를 구하기 위해 지나가던 청소부의 대걸레를 빌려 다시 비행을 시도한다. 긴장되는 순간, 대걸레를 탄 키키는 다시 하늘로 날아오르는 데 성공한다! 하지만 대걸레는 키키의 생각대로 움직여주지 않고, 키키는 엎치락 뒷치락하며 마법으로 의인화된 대걸레와 싸운다. 키키의 내적 갈등이 대걸레와의 다툼이라는 외적 갈등으로 전환되어 나타난 것이다.

> **키키**   똑바로 날아, 태워버린다?

키키와 대걸레의 불안정한 비행은 장면에 극적인 긴장감을 더한다. 키키가 마침내 톰보를 구하는 순간, 영화 속의 군중과 영화 밖의 관객은 혼연일체가 되어 감동, 희열, 카타르시스를 공유하게 된다.

이 장면에는 지브리식 스토리텔링의 정수가 담겨 있다 해도 과언이 아니다. 내적 갈등과 외적 갈등을 자유자재로 전환하며 각 갈등의 장점은 살리고 단점은 보완한다. 극적 재미를 살리는 동시에 인물의 내면을 깊이 있게 보여주면서 두 마리 토끼를 모두 잡는 것이다.

이러한 갈등의 전환을 용이하게 하는 가장 대표적인

요소가 바로 '딜레마'다. 딜레마는 '둘 이상의 선택 사항 중에서 반드시 하나를 선택해야 하며, 무엇을 선택하더라도 손실이 발생하는 상황'이라 정리할 수 있는데, 이것을 활용해 갈등의 전환을 일으킬 수 있다.

〈센과 치히로의 행방불명〉에서 치히로가 강의 신에게 선물받은 영약이 딜레마를 일으키는 대표적인 도구다. 이 약은 독이나 저주처럼 부정적인 것을 정화하는 효과를 가지고 있기 때문에 치히로의 부모님을 인간으로 되돌릴 유일한 희망이다. 하지만 치히로는 하쿠도 저주에 걸려 죽을 위기에 처한 것을 발견한다. 이때 부모님을 구해야 하는 외적 갈등 상황과 하쿠를 살려야 하는 또 다른 외적 갈등 상황 사이의 딜레마를 통해, 치히로를 둘러싼 외적 갈등들이 마음속의 내적 갈등으로 잠시간 전환된다. 결국 치히로는 영약을 사용해 하쿠를 살리는데, 이는 다시 부모님을 구할 기회를 잃게 되는 외적 갈등으로 이어진다. 딜레마를 통해 하쿠를 위해 기꺼이 희생하는 치히로의 내면이 드러남과 동시에 부모님을 구해야 하는 외적 갈등 상황이 악화된다는 점에서 극적 재미가 더해진다.

〈마녀 배달부 키키〉에서도 딜레마의 예시를 찾을 수

있다. 도시 생활에 익숙해질 무렵, 키키는 친구 톰보에게 파티에 함께 가자는 초대를 받는다. 난생 처음으로 파티에 초대받았다는 사실에 키키는 들뜨지만, 곧 난처한 상황이 이어진다. 키키에게 배달을 의뢰한 노부인이 손녀에게 파이를 만들어 선물하려 하는데 오븐이 고장났다는 사실을 알게 된 것이다. 파티에 갈 것이냐, 노부인을 도울 것이냐 하는 선택의 기로 속에서 키키는 노부인을 도와 파이를 굽기로 한다. 그러나 파티를 포기하면서 힘겹게 구운 파이를 손녀는 그다지 반기지 않는다. 이 상황은 키키가 도시 생활에 실망해 비행 능력을 잃어버리게 만드는 결정적인 계기가 된다.

키키가 파티 초대와 노부인의 부탁 사이에서 겪는 딜레마는 단순한 외적 갈등처럼 보이지만, 실제로는 키키의 가치관과 정체성에 대한 깊은 내적 갈등을 유발한다. 키키는 자신의 욕구(파티 참석)와 책임감(노부인 돕기) 사이에서 고민하며, 이는 자신이 어떤 사람이 되고 싶은지에 대한 내적 성찰로 이어진다. 키키가 노부인을 돕기로 결정한 후, 이 내적 갈등은 다시 새로운 외적 갈등으로 전환된다. 힘들게 구운 파이를 손녀가 반기지 않는 상황은 노부인을 도운 키키의 선의가 제대로 인정받지 못하는 외적 갈등을 만들어내며, 이는 결국 키키가 자신의 능력과 가치를 의심하게 만드는 더 깊은 내적 갈등으로 발전한다.

이러한 연쇄적인 갈등의 전환 과정에서 딜레마는 결정적인 역할을 한다. 위기 상황 속에서 어려운 선택을 강요하는 딜레마는 내적 갈등과 외적 갈등의 전환을 일으키고, 캐릭터의 내면을 들여다볼 기회를 제공하며, 그 결과로 새로운 국면을 만들어 스토리를 복잡하고 흥미롭게 만든다. 이처럼 작품의 깊이를 유지하면서 동시에 극적 재미를 높이는 비결에는 갈등의 전환과 딜레마가 있다는 것을 기억하자.

 ## 사건:
스토리를 움직이는 힘

지금까지 갈등에 대해 살펴봤다. 이제부터는 갈등이 모여서 만드는 것, 사건에 대해 알아보겠다. 갈등과 사건은 어떻게 다를까? 갈등이 상황이나 관계에서 발생하는 긴장감과 마찰을 의미한다면, 사건은 갈등을 표면에 드러내고 스토리를 움직이게 만드는 것을 의미한다. 갈등이 그 자체로는 스토리를 움직이지 못하는 반면에 사건은 인물이나 상황에 변화를 일으키는 중요한 계기가 된다.

스토리를 구성하는 개별 사건들은 원인과 결과라는 인과율에 따라 연결돼야 한다. 스토리 전체가 하나의 사건이 다음 사건의 원인이 되는 사슬 구조로 엮이는 것이다. 이는 스토리의 개연성과 논리적 흐름을 만들어내기 위해 필수적이다. 인과율에 따른 사건의 연결은 독자나 관객이 스토리를 자연스럽게 따라갈 수 있게 해주며, 각 사건이 왜 발생했는지, 그 결과가 어떻게 다음 사건으로 이어지는지 이해하는 데 도움을 준다. 이러한 연결성은 스토리에 몰입감과 설득력을 더하고 캐릭터의 행동과 선택의 동기를 명확하게 만든다. 〈마녀 배달부 키키〉의 전체 줄거리를 통해 이러한 사건의 인과 구조를 살펴보자.

사건 1: 키키가 마녀 수련을 위해 고향을 떠나며 이야기가 시작된다. 바다가 보이는 마을을 발견한 키키는 이 도시에 정착해 마녀 수련을 하기로 결심한다.

사건 2: 키키는 하늘을 날아다니다 교통 질서를 어지럽

했다는 이유로 경찰에게 혼쭐이 나는 등 도시의 새로운 질서에 적응하느라 곤란을 겪는다. 그러던 중 손님이 공갈 젖꼭지를 두고 가서 난처해하는 빵집 주인 오소노를 발견한다. 키키는 하늘을 나는 능력을 활용해 빵집 손님에게 공갈 젖꼭지를 가져다준다. 이것이 계기가 되어 오소노는 키키에게 빈방을 내주고, 키키가 빵집에서 배달 일을 할 수 있게 해주면서 둘은 동업자로서 관계를 맺는다. 이렇게 키키의 배달 사업이 시작된다.

사건 3: 본격적인 배달 사업을 개시한 키키에게 첫 손님이 찾아온다. 손님은 검은 고양이 인형을 조카에게 선물하려 한다며 키키에게 일을 맡긴다. 기쁜 마음으로 선물을 배달하던 키키는 돌풍을 만나 인형을 떨어뜨리고 만다. 키키는 임시방편으로 자신의 반려묘 지지를 인형으로 위장시켜 배달한 뒤 잃어버린 인형을 찾아 지지를 구출하겠다는 계획을 세운다.

키키는 인형을 떨어뜨린 곳에서 그림을 그리고 있던 우르슬라를 만나 고양이 인형을 되찾지만, 인형의 목이 터져 있는 것을 발견한다. 이에 우르슬라는 키키가 작업실을 청소해주면 대가로 인형을 고쳐주겠다 제안한다. 우르슬라 덕분에 키키는 무사히 지지를 구출하는 데 성공하고, 둘은 친구가 된다.

사건 4: 시간이 흘러 도시 생활에 익숙해진 키키에게 톰보라는 소년이 찾아와 함께 파티에 가자며 키키를 초대한다. 또래 남자애가 낯선 키키는 내심 기뻐하면서도 퉁명스럽게 생각해보겠노라고 답한다. 기뻐하는 것도 잠시, 일거리가 들어온 키키는 새로운 손님인 노부인을 만난다.

노부인은 손녀에게 직접 만든 파이를 선물하려고 키키를 불렀지만 오븐이 고장나 파이를 만들지 못하게 되었다며 사과한다. 노부인의 마음에 감동한 키키는 그를 도와 함께 파이를 완성한다.

사건 5: 키키는 기쁜 마음으로 파이를 배달하러 가지만 폭풍우가 쏟아지기 시작하고, 간신히 배달지에 도착해서 만난 손녀는 할머니의 선물에 싫은 기색을 보인다. 톰보와의 파티 약속도 포기하고 노력한 것이 수포로 돌아갔다는 사실에 마음이 꺾인 키키는 몸과 마음에 병을 얻는다.

사건 6: 오소노의 간병 덕분에 몸의 병을 치료한 키키는 파티 약속을 어긴 것에 대한 사과의 의미로 톰보와 함께 시간을 보내며 서로를 알아가는 시간을 갖는다. 이를 통해 키키는 톰보가 인력 비행기를 만들어 하늘을 나는 꿈을 갖고 있다는 것을 알게 된다.

사건 7: 한편, 마음의 병을 치료하지 못한 키키는 하늘을 날지도, 반려묘 지지와 대화를 하지도 못하게 되었다는 사실을 깨닫고 절망감에 빠진다. 어떻게든 다시 하늘을 날기 위해 고군분투하지만 결국 아끼던 빗자루마저 박살내고 만다.

사건 8: 배달 일을 쉬고 있던 키키에게 우르슬라가 찾아온다. 키키가 슬럼프에 빠졌다는 사실을 알게 된 우르슬라는 키키를 숲속의 작업실로 데려가 자신이 슬럼프를 극복했던 경험을 들려준다.

사건 9: 이튿날, 키키는 노부인의 초청을 받아 그의 집을 방문한다. 노부인은 함께 파이를 만들고 책임감 있게 배달해준 키키에게 감사의 의미를 담아 케이크를 선물하고, 키키는 감동의 눈물을 흘린다.

사건 10: 바로 그 순간, TV에서 충격적인 뉴스가 전해진다. 마을에 정박해 있던 비행선이 돌풍에 휩쓸려 사고가 났다는 소식이다. 톰보가 비행선에 매달려 위기에 처했다는 사실을 알게 된 키키는 톰보를 구하기 위해 지나가던 청소부의 대걸레를 빌려 하늘로 날아오른다. 대걸레는 키키의 생각대로 움직여주지 않지만, 키키는 우여곡절 끝에 대걸레를 제어해 톰보를 구하는 데 성공하고, 마을의 영웅이 되어 공동체의 진정한 일원이 된다.

이는 영화의 전체 줄거리를 사건 단위로 요약한 것이다. 이 내용을 통해 사건이 인과율에 따라 사슬 구조로 엮인다는 것이 무슨 뜻인지 이해할 수 있다. **사건 1**의 결과는 **사건 2**로 이어지고, **사건 2**의 결과는 **사건 3**으로 이어진다. **사건 2** 없는 **사건 3**은 성립이 불가능하다. 이처럼 사건은 원인과 결과라는 인과율의 법칙에 따라 전개된다.

한편 이러한 연속성과 인과율에서 벗어난 에피소드를 '해프닝'이라 부른다. 위 줄거리 중에는 **사건 3**에서 해프닝을 발견할 수 있다. 첫 배달 일을 하던 키키는 돌풍을 만나 인형을 떨어뜨리는데, 여기서 돌풍은 인과율에서 벗어나 갑자기 발생하는 것으로 일반적인 사건과 구분된다.

해프닝은 스토리의 흐름을 깨뜨리면서 새로운 국면을 만들어낸다는 점에서 스토리텔링의 중요한 요소 중 하나다. 지나치게 인과율의 법칙, 즉 개연성에만 집중하다보면 스토리가 경직되어 극적 재미가 떨어질 수 있다. 하지만 해프닝이 과도하게 사용되어도 개연성이 떨어져 관객의 몰입감을 저해할 수 있으므로, 해프닝은 신중히 사용될 필요가 있다.

해프닝을 사용하면서도 개연성을 보완하는 방법도 있다. 해프닝으로 활용했던 요소를 뒤에 나오는 주요 사건에서 다시 한 번 활용하면서 스토리 전체의 사슬 구조와 자연스럽게 연결되게 하는 것이다. 이 영화가 **사건 3**에서 해프닝으로 활용했던 돌풍을 **사건 10**에서 비행선 사고를 일으키는 요소로 다시 활용하는 것은 이런 이유다. 이처럼 훌륭한 스토리는 어느 한 요소도 허투루 사용하지 않는다.

사건이 인물이나 상황의 변화를 만든다는 점도 주목할 필요가 있다. **사건 1**에서는 키키가 고향을 떠나 새로운 도시로 이주하며 키키가 처한 상황에 변화가 일어난다. **사건 2, 3, 4**를 통해 키키는 각각 오소노, 우르슬라, 노부인이라는 조력자들과 새로운 관계를 형성한다. **사건 5**에서는 키키가 슬럼프에 빠지면서, 스토리는 새로운 국면에 접어든다. **사건 6**을 통해 키키와 톰보의 유대가 깊어지고, **사건 7**에서 키키는 **사건 5**의 결과(슬럼프)를 마주하게 된다. **사건 7**에서 발견된 문제는 **사건 8**과 **9**를 통해 해소되고, 이는 **사건 10**으로 연결된다. 키키는 비행 마법을 이용해 톰보를 구하는 데 성공하면서 마침내 공동체 속에서 진정한 마녀로 인정받게 된다.

드라마:
완결성을 갖춘 스토리

앞서 사건은 원인과 결과에 따라 전개된다고 설명했다. 이렇게 연쇄적인 사건은 모여서 하나의 완결된 이야기를 이루는데, 이를 '드라마'라 한다. 갈등이 모여 사건이 되고, 사건이 모여 드라마가 되는 것이다. 드라마란 '처음, 중간, 끝의 구조를 가지고 있으며, 주인공이 목표를 향해 나아가며 겪는 어려움과 그 극복 과정'으로 정리할 수 있다(구조에 관한 심층적인 이야기는 7장(지브리의 구조)에서 논할 것이다).

드라마는 크게 인물 중심 드라마와 사건 중심 드라마로 나뉜다. 인물 중심 드라마는 등장인물의 성격, 내면, 감정, 성장 등에 초점을 맞춘 스토리를 뜻한다. 인물들의 심리 변화와 관계의 발전이 드라마의 중심이 된다. 사건 중심 드라마는 인물보다 사건의 전개와 흐름에 초점을 맞춘 스토리를 뜻한다. 복잡한 플롯이나 반전, 서스펜스

등 사건 자체의 흥미로움이 드라마의 중심이 된다.

　이런 구분은 드라마의 성격을 이해하기 위한 것으로, 모든 스토리가 두 가지 유형 중 하나로 명확히 분류되진 않는다. 지브리의 영화만 보더라도 인물 중심 드라마와 사건 중심 드라마가 혼재되어 나타나는 것을 확인할 수 있다. 드라마를 만드는 데 중요한 것은 인물이 사건을 통해 변화하고 성장하는 것이다. 관객은 인물이 사건을 헤쳐나가는 모습을 보며 그 인물에게 감정을 이입하는 동시에 스토리에 몰입하게 된다. 좋은 드라마를 만드는 비결은 바로 이러한 인물과 사건의 조화에 있다.

　인간은 본능적으로 조화와 균형을 추구한다. 안정을 이루고 있던 조화와 균형이 깨졌을 때, 우리는 이를 회복하기 위한 행동에 나선다. 물건이 어질러져 있으면 청소하거나 정리하고 싶어지는 것도 바로 이 때문이다. 이야기의 본질도 바로 여기에 있다. 7장(지브리의 구조)에서 자세히 다루겠지만, 스토리는 주인공의 조화와 균형이 깨지면서 시작된다. 드라마는 조화와 균형을 상실한 주인공이 그것을 회복하는 여정이라고 할 수 있다.

　〈센과 치히로의 행방불명〉은 치히로의 부모가 저주에 걸려 돼지가 되면서 시작된다. 치히로는 부모를 잃으면서 기존의 조화와 균형을 상실한다. 따라서 치히로가 부모를 되찾기 위해 벌이는 분투가 이 영화의 드라마가 된다.

〈모노노케 히메〉도 마찬가지다. 영화는 아시타카가 재앙신의 저주에 걸리면서 시작된다. 아시타카는 저주에 걸려 목숨을 잃어간다. 따라서 아시타카가 팔에 걸린 저주를 풀기 위해 벌이는 사투가 이 영화의 드라마가 된다.

모든 스토리의 시작이 저주에 걸리는 것처럼 거창할 필요는 없다. 〈이웃집 토토로〉나 〈그대들은 어떻게 살 것인가〉처럼 새로운 집으로 이사를 오거나, 〈붉은 돼지〉처럼 비행기가 고장나 이를 고치면서 이야기가 시작될 수도 있다. 중요한 것은 기존의 조화를 깨뜨리며 스토리를 시작하고 조화를 회복시키며 스토리를 마치는 것이다.

앞서 사건에 대해 설명할 때 인과율의 법칙, 즉 개연성을 지나치게 충실히 따르면 스토리의 극적 재미가 떨어질 수 있다고 언급했는데, 이는 드라마에도 적용된다. 혼돈 속에서 조화를 찾아가는 과정이 드라마라면, 좋은 드라마는 그 과정 내의 세부적인 조화(예측 가능성)와 세부적인 혼돈(예측 불가능성) 사이의 균형에서 비롯된다. 조화롭기만 해 앞으로의 전개가 쉽게 예측되는 스토리는 지루하다. 해프닝처럼 인과율의 법칙에서 벗어나 돌발적으로 발생하는 이벤트를 통해 예상치 못한 충격이나 놀라움이 필요한 것처럼, 드라마에도 예측 불가능성을 불어넣는 갈등이 필요하다. 하지만 갈등이 너무 심해져, 예측 불가능성으로만 일색인 스토리는 관객을 피로하게 만든다. 따라서 갈등은 반드시 적정 수준에서 해소되어야 한다. 이 둘 간의 균형을 찾는 것은 쉽지 않다. 다양한 스토리를 접하면서 스토리의 구조를 익히고 체득하는 것이 가장 좋은 방법이다.

✎ 요약
- - - - - - - - - - - - - - - - - - - -

- 스토리텔링에서 갈등은 무척 중요한 요소다. 갈등은 스토리를 전진시키고 캐릭터를 성장시키며, 작품의 주제를 전달한다. 또 삶의 복잡성을 담아내 스토리의 깊이를 만들고, 긴장감을 조성해 관객의 흥미를 유발한다.

- 갈등의 종류에는 내적 갈등과 외적 갈등이 있다. 내적 갈등은 인물의 심리적, 도덕적 딜레마를 다루며, 인물의 내면을 심도 있게 보여줌으로써 스토리에 깊이를 더한다. 외적 갈등은 인물과 또 다른 인물, 사회, 자연, 운명 사이의 대립을 그리며, 스토리에 재미와 긴장을 불어넣는다.

- 내적 갈등과 외적 갈등 간 전환을 통해 두 갈등의 단점을 보완할 수 있다. 이는 스토리에 긴장감과 역동성을 더하는 동시에 깊이를 부여한다. 위기 상황 속에서 어려운 선택을 강요하는 딜레마는 이러한 전환을 용이하게 만드는 도구다.

- 갈등이 모이면 사건이 된다. 사건은 갈등을 표면화하고 스토리를 움직이게 만든다. 사건은 인과율의 법칙에 따라 연쇄적으로 전개되며, 인물과 상황에 변화를 일으키는 역할을 한다.

- 인과율의 법칙을 따르지 않는 사건, 즉 해프닝은 스토리의 개연성을 해칠 수 있지만 역으로 스토리의 경직성을 완화하고 새로운 국면을 만들어낼 수 있다.

- 연속된 사건들이 모이면 하나의 완결된 이야기, 즉 드라마가 된다. 드라마는 기존의 조화와 균형을 상실한 주인공이 그것을 되찾으려는 목표를 향해 나아가며 겪는 어려움과 극복 과정이다.

- 좋은 드라마란 예측 가능성과 예측 불가능성 사이에서 적절한 균형을 유지하는 것이다. 이는 치밀하게 구성된 갈등과 사건을 통해 달성될 수 있다.

✏️ 실전 연습

- - - - - - - - - - - - - - - - - - - -

1. 당신의 스토리 속 갈등을 모두 나열해보자. 그러한 갈등은 각각 어떤 기능을 하는가? 그러한 갈등은 스토리의 주제와 어떻게 연결되는가?

2. 당신의 스토리 속 주인공이 겪는 주된 내적 갈등은 무엇인가? 이는 어떤 사건을 통해 표면에 드러나는가?

3. 당신의 스토리 속에서 내적 갈등과 외적 갈등이 전환되는 지점이 있는가? 있다면, 그것은 어떤 효과를 내는가? 없다면, 각 갈등의 한계는 어떻게 보완하고 있는가?

4. 당신의 스토리 속에 나타나는 사건들을 요약하여 나열해보자. 그 사건들은 인과율의 법칙에 따라 이어지고 있는가? 그러한 사건들 가운데 해프닝에 해당하는 사건이 있는가? 만약 없다면, 그 이유는 무엇인가? 있다면, 그 해프닝을 전체 사건의 사슬 구조와 연결할 방법은 무엇인가?

5. 당신의 스토리 속 드라마를 한 줄로 요약해보자. 어떤 조화와 균형이 깨졌는가? 그것을 회복하기 위해 주인공은 어떤 목표를 세우는가? 그 목표를 향해 나아가는 동안 어떤 어려움이 닥치는가? 주인공은 그것을 어떻게 극복하는가? 마지막에 주인공은 어떤 회복에 이르는가?

"나는 충분히 도망쳐왔어.

이제는 지켜야 할 게 생겼어.

바로 너야."

— 〈하울의 움직이는 성〉, 하울

7장

지브리의
구조

스토리의 구조란 무엇인가

구조란 스토리의 전체적인 뼈대로, 사건의 배열, 긴장(갈등)과 그 해소의 패턴, 시간의 흐름 방식(선형적, 비선형적) 등을 결정하는 틀을 의미한다. 구조를 이해하는 것은 스토리의 효과적인 구성과 분석에 핵심적이며, 예측 가능성과 불가능성의 균형을 통해 관객의 만족도를 높이는 데에도 중요한 역할을 한다.

플롯 구조를 체계화한 선구적인 작법 이론가 시드 필드Syd Field가 영화 시나리오 작법서의 고전《시나리오란 무엇인가》에서 '3막 구조'라는 개념을 제시한 후, 3막 구조는 서사 예술의 보편적인 스토리텔링 구조로 자리 잡았다. 이후에도 많은 작법 이론가들이 다양한 서사 구조를 제안해왔지만 그 토대에는 3막 구조가 자리하고 있는 경우가 대부분이다.

3막 구조를 간략히 설명하자면 스토리는 처음, 중간, 끝이라는 세 개의 막으로 구성되어 있다는 것이다. 처음에 해당하는 1막(설정부)에서는 등장인물과 중심 갈등이 소개되고, 중간에 해당하는 2막(대립부)에서는 주인공이 어려움에 맞서 싸우며 성장하는 과정이 나오며, 끝에 해당하는 3막(해결부)에서는 중심 갈등이 해결되는 모습이 그려진다. 1막에서 소개된 중심 갈등은 2막을 거치며 점차 고조되고, 3막의 클라이맥스에 이르러 정점을 찍은 뒤, 사건 해결과 함께 해소되어 하강한다.

각 막과 막 사이에는 스토리의 흐름을 전환시키는 **전환점**이 존재한다. 1막과 2막 사이의 전환점은 **제1전환점**이라고도 부르며, 주인공이 새로운 세계나 상황에 완전히 몰입하여 문제를 해결하기 위해 적극적으로 행동하기 시작하는 지점이다. 2막과 3막 사이의 전환점은 **제2전환점**이라고도 부르며, 주인공이 최종 목표를 향해 전력 질주하게 만드는 사건이다.

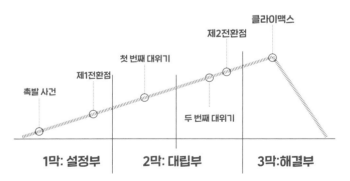

• 3막 구조

이러한 3막 구조는 관객을 만족시키는 보편적인 스토리 구조를 파악하고 설명하기에 용이하다. 실제로 흥행에 성공하거나 평단의 높은 평가를 받는 영화를 분석해보면 대다수가 3막 구조에 기반한 스토리 구조를 가지고 있다는 것을 알 수 있다.

또한 구조를 익히는 것은 예측 가능성(조화)과 예측 불가능성(혼돈)을 적절하게 관리하고 창의성을 발휘하는 데에도 도움이 된다. 이는 창작 과정에서 매우 중요하다. 구조가 제공하는 안정된 틀을 따르면서도 그 안에서 창의적인 변형을 시도해볼 수 있기 때문이다. 예를 들어 3막 구조를 이해하고 있다면 각 막에서 어떤 사건이 일어나야 하는지, 어떤 정서를 불러일으켜야 하는지, 갈등은 언제 고조되어 언제 해소되면 좋은지를 알 수 있다. 이를 바탕으로 창작자는 자신만의 독특한 방식으로 각 막을 채워나갈 수 있다. 이렇게 구조는 스토리에 질서를 부여하면서도 그 안에서 다양한 변주와 실험을 가능하게 한다. 따라서 스토리 구조를 이해하고 활용하는 것은 더 강력하고 감동적인 스토리를 만들기 위한 필수적인 도구다.

지브리의 스토리 구조에 대해서는 오랫동안 많은 이

야기가 오가고 있다. 서구에서는 미야자키 하야오의 스토리 구조가 일반적인 3막 구조를 따르지 않는다고 주장하기도 한다. 지브리의 스토리가 독창적인 이유는 서구의 3막 구조가 아니라 동북아시아 특유의 기승전결* 구조를 따르기 때문이라는 것이다. 혹은 일본의 전통적인 스토리 구조인 서파급** 구조로 지브리 영화를 설명하려는 시도도 있다. 하지만 지브리 영화도 일반적인 영화와 마찬가지로 3막의 스토리 구조로 분석이 가능하다. 〈이웃집 토토로〉를 간략하게 3막 구조로 분석해보면 다음과 같이 정리할 수 있다.

- **1막**: 사츠키와 메이 자매가 어머니의 요양을 위해 시골로 내려옴.

---

* 일반적인 한시漢詩의 구조로, '기'에서는 아이디어가 소개되고 '승'에서는 기에서 소개된 아이디어가 이어지며 갈등이 나타난다. '전'에서는 전환이 발생하며 갈등과 긴장이 최고조에 이르고 '결'에서는 갈등이 해소되며 마무리가 이루어진다.
** 일본의 검도와 서예 등에서 중시하는 움직임 형식으로, 느리게 움직이다가 순간적으로 빠르게 움직이는 것을 의미한다. 이러한 미학은 일본의 스토리 구조에도 영향을 미쳐 일본의 전통 공연 예술에서는 느리게 전개되다가 후반으로 갈수록 스토리가 급격하게 진전되는 서파급의 스토리 구조가 흔히 나타난다.

- **제1전환점**: 메이가 토토로를 포함한 숲의 정령을 만남.
- **2막**: 사츠키가 아버지에게 우산을 건네주러 갔다가 토토로를 만나 메이의 말이 사실임을 알게 되고, 토토로와 자매는 함께 시간을 보내며 교감을 나눔.
- **제2전환점**: 메이가 어머니를 만나러 병원에 가려다 길을 잃고 실종됨.
- **3막**: 메이를 찾을 수 없자 사츠키는 토토로에게 도움을 청하고, 토토로는 메이를 찾아 자매를 어머니가 있는 병원에 안전히 데려다줌.

지브리 영화가 3막 구조 외에 기승전결 구조나 서파급 구조 등으로도 분석될 수 있는 이유는 스토리 구조가 유연성을 가지고 있기 때문이다. 스토리 구조는 고정된 법칙이 아니라 유연한 도구이며 같은 스토리도 다양한 관점에서 바라볼 수 있다. 다시 말해 스토리 구조는 해석의 다양성을 가지며, 같은 장면이라도 분석자에 따라 다른 단계나 막으로 해석될 수 있다. 이 때문에 여러 스토리 구조들이 얼마든지 서로 중첩될 수 있는 것이다.

따라서 스토리텔러는 스토리 구조의 핵심적인 기본

원리를 체득한 뒤, 이를 다양하게 변주하여 독창적인 스토리를 만들어낼 수 있다. 여기서 스토리 구조의 기본 원리란 '스토리의 시작에서 중심 갈등이 소개되고, 중심 갈등을 토대로 드라마가 점차 고조되다가 클라이맥스에 이르러 주인공의 행동으로 사건이 해결된 뒤, 갈등이 해소되어 결말에 이른다'로 정리할 수 있다.

지브리 영화의 스토리 구조가 다른 영화와 차별되는 점은 3막 구조를 따르지 않기 때문이 아니라, 중심 갈등을 대하는 방식이 다르기 때문이다. 지브리 영화는 분명 중심 갈등을 갖고 있지만 이를 명시적으로 드러내지 않기도 한다. 〈이웃집 토토로〉의 예시를 보자. 이 영화는 사츠키와 메이가 어머니의 요양을 위해 시골로 이사를 오면서 시작된다. 일반적인 스토리는 중심 갈등이 소개되며 시작되는데(이를 촉발 사건이라 부른다), 따라서 우리는 〈이웃집 토토로〉의 시작 장면을 보고 어머니의 부재로 인한 갈등을 기대하게 된다. 일반적인 스토리라면 자매가 낯선 시골 생활에 적응하지 못하고 어려움을 겪거나 어머니와의 재회를 방해하는 적대자와 갈등했을 것이다. 하지만 이 영화는 의도적으로 중심 갈등을 배제하고, 자매와 토토로의 아름다운 교감과 그를 통한 성장에 집중한다.

또 다른 예시로는 〈붉은 돼지〉가 있다. 이 영화의 주인공 포르코는 원래 인간이었다가 저주에 걸려 돼지가 되었다는 설정을 지닌다. 일반적인 영화라면 이것이 영화의 중심 갈등이 되었겠지만 〈붉은 돼지〉는 이를 흥미롭게 변주한다. 포르코는 자신에게 걸린 저주에 큰 관심이 없을 뿐더러 사람들도 이를 자연스럽게 받아들인다. 이는 영화에 마술적 리얼리즘*의 정서를 더한다.

이처럼 3막 구조의 변주는 영화에 의외성을 부여하는 동시에 색다른 재미를 준다. 아이러니하게도 미야자키 하야오가 이런 기교를 부릴 수 있었던 데에는 스토리 구조의 기본 원리에 대한 충실한 이해가 있었기 때문이다. 그가 그 기본 원리를 체득하고 있다는 사실은 지브리 영화 곳곳에서 발견된다. 5장(조력자)에서 설명한 바와 같이, 〈센과 치히로의 행방불명〉에서 제니바와 유바바가

---

* 20세기 중반 라틴아메리카 문학에서 시작된 문학 장르로, 현실적인 배경에 초자연적이거나 비현실적인 요소를 자연스럽게 융합하는 서술 기법을 말한다. 이 기법에서는 비현실적인 사건이나 요소가 등장인물들에 의해 특별한 의문 없이 받아들여지며, 이를 통해 현실과 환상의 경계를 모호하게 만든다. 가브리엘 가르시아 마르케스Gabriel Garcia Marquez의 《백년의 고독》이 대표적인 작품이다.

'세계의 규칙'을 언급하는 장면이 대표적이다. 이들이 메타적 표현으로 사용하는 '규칙'은 표면적으로는 영화 속 세계관을 의미하지만, 파고들어 가면 미야자키 하야오가 중시하는 스토리 구조의 기본 원리를 표현한다. 스토리의 중심 갈등은 주인공의 활약이 있기 전까지는 해소되어선 안 된다는 것 말이다.

3막 구조와 같은 스토리 구조는 자전거의 보조 바퀴에 비유할 수 있다. 처음에는 스토리가 작동되는 핵심 원리를 이해하기 위해 3막 구조라는 보조 바퀴의 도움을 받을 수 있다. 하지만 그 원리를 체득한 뒤에는 이 보조 바퀴를 떼어버려도 좋다. 그러나 그렇다고 해서 자전거의 앞바퀴나 뒷바퀴까지 떼어버리면 곤란하다. 다시 말해 독창적인 스토리를 만들겠다고 스토리의 기본 원리를 무시해서는 안 된다는 것이다.

 ## 지브리의 구조 분석하기

스토리의 구조를 이해하는 가장 효과적인

방법은 스토리를 직접 분석해보는 것이다. 지금부터 지브리 영화 중에서도 보편적인 3막 구조가 잘 드러난 작품인 〈센과 치히로의 행방불명〉을 분석해보자.

치히로는 부모와 함께 새로운 집으로 이사를 가던 중 길을 잘못 들어 우연히 신들의 세계에 들어간다. 치히로의 부모는 식당에 놓인 음식을 허락 없이 먹다가 저주에 걸려 돼지가 되어버린다. 이것이 영화의 중심 갈등을 설정하는 촉발 사건이 된다. 충격에 빠진 치히로는 도망치지만, 인간 세계로 돌아가지 못한 채 신들의 세계에 조난당한다. 퇴로가 물에 잠겨 돌아갈 수 없게 된 치히로의 앞에 하쿠라는 소년이 나타나 도움을 준다.

치히로는 하쿠의 조언을 듣고 가마 할아범을 찾아가 일자리를 달라 조른다. 완강히 거부하던 가마 할아범은 치히로가 일을 도와주는 모습을 보고 심경에 변화가 생겼는지 온천에서 일할 수 있는 기회를 준다. 단, 이를 위해서는 온천의 주인 유바바의 허락이 필요하다며 유바바를 찾아가라고 일러준다.

치히로와 유바바의 만남은 1막에서 2막으로 넘어가는 제1전환점에 해당된다. 유바바는 치히로를 온천에서 일하게 해주는 대가로 이름과 정체성을 빼앗는다. 이름을 빼앗겨 '센'이 된 치히로가 본격적으로 유바바의 온천에서 일하게 되는 부분까지를 1막이라고 볼 수 있다.

2막은 치히로가 하쿠의 도움을 받아 돼지가 되어버린 부모를 조우하는 장면부터다. 치히로는 부모를 인간으로 되돌릴 방법을 알지 못해 좌절에 빠진다. 이에 하쿠는 돌아갈 때 필요할 거라며 챙겨두었던 치히로의 옷가지를 돌려준다. 치히로는 옷가지 사이에서 친구들이 써준 편지를 발견하고 자신의 이름과 정체성을 되찾는다.

선배 린의 가르침과 도움을 받아 온천에서 열심히 일하던 치히로의 앞에 악취나는 오물로 뒤덮인 오물신이 나타나면서 영화는 첫 번째 대위기를 맞는다. 모두가 오물신의 접대를 꺼리는 가운데 치히로가 오물신의 접대를 떠맡는다.

한참 오물신을 씻기던 치히로는 오물 더미 속에 인간이 버린 쓰레기가 들어 있다는 것을 발견한다. 치히로의 발견 덕분에 유바바는 이 오물신이 인간에 의해 오염된 유명한 강의 신이라는 것을 간파하고, 온 직원들의 힘을 모아 오물신의 정화에 앞장선다. 치히로의 활약 덕분에 깨끗하게 정화된 신은 치히로에게 부정적인 걸 토하게 만드는 정화의 영약을 선물한다.

여기서 선물 받은 영약이 두 번째 대위기를 해결하는 열쇠가 된다는 점에서 첫 번째 위기의 해결은 두 번째 위기와 그 해결로 유기적으로 연결된다. 1막에서 치히로의 호의 덕분에 유바바의 온천에 들어온 가오나시는 남몰래 치히로를 도와주지만, 치히로는 그런 가오나시를 의식하지 못한다. 그런데 강의 신이 남기고 간 쓰레기 더미 사이에서 사금이 발견되자 환호하는 직원들을 본 가오나시는 금으로 사람들을 조종할 수 있다는 걸 깨닫는다. 가오나시는 개구리 직원을 잡아먹고 훔친 목소리와 가짜 금을 만들어내는 마법을 이용해 순식간에 온천에서 가장 귀한 손님의 자리에 오른다.

여유롭게 온천을 거닐던 치히로가 제니바의 마법에 공격당하고 있는 하쿠를 발견하면서 본격적인 두 번째 대위기가 시작된다. 하쿠가 유바바의 사무실로 도망친 걸 발견한 치히로는 하쿠를 구하기 위해 달려가다 가오나시를 마주친다. 가오나시는 치히로의 환심을 사기 위해 금을 선물하지만, 치히로는 이를 거절하고 하쿠를 구하러 떠나버린다. 이에 가오나시는 괴물처럼 흉폭하게 변해 온천을 아수라장으로 만든다.

한편, 유바바의 눈을 피해 그의 아들 보우의 방에 숨

어 있던 치히로는 보우와 맞닥뜨리면서 위기에 처한다. 보우는 치히로에게 '놀아주지 않으면 팔을 부러뜨리고 유바바를 불러 너를 죽이겠다'며 협박한다. 치히로는 보우가 비위생적인 걸 무서워한다는 점에 착안해 피 묻은 더러운 손을 보여줘 겁을 주고 간신히 보우에게서 벗어난다.

그러나 안심할 새도 없이, 유바바에게 버림받은 하쿠가 바닥 없는 구덩이에 버려지기 직전인 절체절명의 상황. 치히로는 유바바의 언니 제니바에게서 예상치 못한 도움을 받게 된다. 환영 마법의 형태로 등장한 제니바는 보우와 유바바의 부하를 작은 동물로 변신시킨다. 치히로는 제니바에게 하쿠를 살려달라 간청하지만, 제니바는 하쿠가 유바바의 명령으로 도장을 훔쳤기 때문에 도장에 걸린 보호 마법에 의해 죽을 것이라 말한다.

이때 하쿠가 발악하면서 치히로와 하쿠는 바닥 없는 구덩이에 빠지는데, 치히로의 목소리를 들은 하쿠는 마지막 힘을 짜내 치히로를 가마 할아범의 방에 데려다준 뒤 기절한다. 치히로는 죽어가는 하쿠를 구하기 위해 부모를 구할 유일한 수단인 영약을 사용해 하쿠를 치료한다. 치히로는 하쿠 대신 제니바에게 도장을 돌려주고 용서를 구하겠다 결심하고, 가마 할아범은 그런 치히로에게 제니바의 집으로 갈 수 있는 오래된 기차표를 준다.

한편, 흉폭하게 변한 가오나시 앞에 불려 나간 치히로는 가오나시가 온천의 영향을 받아 괴물이 되었다는 사실을 간파해 남은 영약을 그에게 먹이고, 이렇게 부모를 구할 최후의 수단이 사라져버린다. 치히로가 자신에게 먹인 영약을 독극물이라 착각한 가오나시와 치히로 사이에서 한바탕 추격전이 벌어진다. 오랜 추격 끝에 모든 것을 토해낸 가오나시는 다시 본연의 모습을 되찾고, 제니바에게 용서를 구하러 가는 여정에 합류한다. 이렇게 치히로는 보우, 가오나시와 함께 오래된 기차에 몸을 싣는다.

치히로가 동료들과 함께 제니바의 집에 방문하면서 스토리는 제2전환점을 맞이한다. 같은 시각, 치히로가 부모를 버리고 도망쳤다고 생각한 유바바는 치히로의 부모를 죽이려 하는데, 치히로의 도움으로 목숨을 건진 하쿠가 나타나 유바바와 담판을 짓는다. 하쿠는 자신의 목숨을 걸어 치히로가 집으로 돌아갈 수 있는 기회를 얻는다. 여기서 스토리는 3막, 그리고 본격적인 클라이맥스에 접어들기 시작한다.

치히로는 제니바에게 도장을 돌려주고 하쿠 대신 용서를 구한다. 유바바와 달리 소박하고 행복한 삶을 살고 있는 제니바는 선의와 친절로 치히로와 하쿠를 용서한다. 제니바의 삶에 감동한 치히로와 동료들은 그와 교감을 나누며 우정을 쌓는다. 치히로는 하쿠와 부모님을 구할 방법에 대해 조언을 구하지만, 제니바는 문제의 해결은 치히로가 직접 해야한다고 말하며 함께 만든 머리끈을 부적으로 선물한다. 이때 하쿠가 치히로를 데리러 제니바의 집에 방문하고, 치히로는 하쿠가 무사하다는 사실에 기쁨의 눈물을 흘린다.

제니바의 배웅을 받으며 유바바와 마지막 담판을 짓기 위해 떠나는 치히로. 그는 올라탄 하쿠의 등에서 묘한 데자뷰를 느낀다. 어렸을 적, 신발을 주우려다 강에 빠진 치히로를 하쿠가 구해줬던 기억이 되살아난 것이다. 그 강의 이름이 '코하쿠강'이었다는 치히로의 말에 하쿠는 유바바에게 빼앗겼던 이름과 정체성을 되찾는다. 마침내 유바바의 속박에서 벗어나 '니기하야미 코하쿠누시'라는 이름을 되찾은 하쿠는 치히로와 함께 감동의 눈물을 흘린다(클라이맥스 1: 행동의 보답).

온천으로 돌아온 치히로는 동료들의 응원을 받으며

유바바가 준비한 최후의 시련에 응한다. 시련의 내용은 수많은 돼지 사이에서 진짜 부모를 찾는 것이다. 치히로는 유바바가 준비한 돼지들 중에는 부모가 없다는 정답을 맞히고, 유바바와 치히로 사이의 계약서는 효력을 잃고 폭발한다(클라이맥스 2: 최후의 시련). 유바바의 지배에서 벗어난 치히로는 온천에 있는 모든 이들과 작별 인사를 나눈 뒤 하쿠의 배웅을 받아 부모와 재회한다. 치히로는 아무것도 기억하지 못하는 부모와 함께 마침내 인간 세계로 돌아가게 된다.

1막(설정부):
새롭고 낯선 세계

1막의 주된 역할은 스토리를 이끌고 가는 주요 캐릭터들과 스토리의 중심 갈등을 소개하는 것이다. 대부분의 스토리는 주인공의 익숙한 일상에 변화를 가져오는 '촉발 사건'으로 시작된다. 촉발 사건은 주인공이 기존에 누리고 있던 삶의 조화와 균형을 깨뜨리는 사건이다.

〈이웃집 토토로〉에서 병든 어머니를 요양하기 위해 시골로 내려오는 것, 〈마녀 배달부 키키〉에서 마녀 수련을 위해 고향을 떠나는 것, 〈모노노케 히메〉에서 재앙신의 저주에 걸려 재앙신이 온 곳으로 떠나는 것, 〈센과 치히로의 행방불명〉에서 부모가 저주에 걸려 돼지로 변한 것이 촉발 사건의 대표적인 예다.

촉발 사건은 주인공의 욕망과 목표를 설정한다. 주인공은 깨진 조화와 균형을 회복하기 위해 노력하게 되고, 이는 자연스레 주인공의 욕망과 목표로 이어진다. 〈이웃집 토토로〉의 자매는 병원에 입원한 어머니와 재회하기를 원한다. 〈마녀 배달부 키키〉의 키키는 낯선 도시에 적응해 진정한 마녀로 인정받으려 하며, 〈모노노케 히메〉의 아시타카는 재앙신의 저주를 풀어야 한다. 〈센과 치히로의 행방불명〉의 치히로는 부모를 인간으로 되돌려야 한다.

이 과정에서 주인공은 새롭고 낯선 세계에 진입하게 된다. 여기서 말하는 새롭고 낯선 세계는 지브리 영화처럼 마법이 존재하는 신비로운 세계일 수도 있지만, 주인공이 이전에 접해보지 못한 상황이나 환경을 의미하기도 한다. 물리적으로 새로운 세계일 뿐만 아니라 심리적,

사회적 차원의 변화도 포함하는 개념이라는 뜻이다.

새롭고 낯선 세계에는 익숙한 세계와 다른 규칙이 통용된다는 특징이 있다. 주인공은 이 세계에서 다양한 인물들을 만나고 여러 사건을 겪으며 낯선 세계의 규칙을 체득해간다. 마침내 그 규칙에 통달한 주인공은 클라이맥스에서 촉발 사건을 통해 설정된 중심 갈등을 해소하고, 스토리는 막을 내린다.

촉발 사건이 주인공의 조화와 균형을 깨뜨려 스토리의 중심 갈등을 형성한다면, 1막에서 소개되는 다양한 캐릭터들은 스토리의 기본적인 구조와 관계를 확립한다. 주요 캐릭터들의 관계와 잠재적 갈등이 암시되면서 관객이 스토리에 기대감을 갖게 만든다. 또 1막의 캐릭터 소개는 캐릭터 아크의 기준점을 마련하는데, 이는 이후 캐릭터의 성장과 변화가 더욱 뚜렷하게 드러나게 한다.

2막(대립부):
대위기

2막의 주된 역할은 1막에서 소개된 중심 갈

등을 심화하는 것이다. 주인공은 2막에서 '대위기'를 겪게 되는데, 대부분의 지브리 영화에서 주인공은 두 차례의 대위기를 겪는다. 짚고 넘어갈 것은 이 대위기의 횟수가 매체에 따라 달라질 수 있다는 점이다. 지브리 영화에서 대위기의 횟수가 주로 두 번인 이유는 장편영화의 러닝타임에 두 차례의 대위기가 적절히 분배되기 때문이다. 따라서 대위기가 가진 주요 특성과 기본 원리를 이해한 뒤, 이야기의 길이나 매체의 특성에 따라 유연하게 적용할 필요가 있다.

지브리 영화는 두 번의 대위기를 유기적으로 잘 연계한다는 특징이 있다. 주인공은 첫 번째 대위기를 극복하는 과정에서 두 번째 대위기를 해결할 열쇠를 얻게 되며, 두 번째 대위기는 첫 번째 대위기보다 훨씬 복잡하고 해결하기 어려운 양상을 띤다. 치히로는 첫 번째 대위기인 '오물신 접대'를 해결하며 영약을 선물받는다. 이후 두 번째 대위기에서 치히로는 하쿠를 구하랴, 가오나시로부터 도망치랴 첫 번째 대위기와는 비교할 수 없을 정도로 복잡한 사건에 휘말리는데, 첫 번째 대위기에서 얻은 영약이 치명적인 부상을 입은 하쿠를 치료하는 데에도, 괴물이 되어버린 가오나시를 정화하는 데에도 사용된다.

주인공이 첫 번째 대위기를 해결한 결과 얻은 보상이 두 번째 대위기를 해결하는 열쇠가 되는 구조는 매우 영리하다. 이는 주인공의 능동성을 돋보이게 만드는 동시에 주인공이 성장하는 과정을 보여준다.

첫 번째 대위기의 결과가 두 번째 대위기로 이어지는 구조에도 주목할 필요가 있다. 치히로가 강의 신을 정화한 후, 온천 바닥에는 사금이 남는다. 직원들이 사금을 보며 환호하는 모습을 본 가오나시는 금으로 다른 사람을 통제할 수 있다는 사실을 깨닫고 점차 괴물이 되어간다. 첫 번째 대위기의 해결이 곧 두 번째 대위기의 발단으로 이어지게 되는 것이다. 이러한 구조는 스토리에 개연성과 생동감을 더한다.

대위기를 보다 흥미진진하고 재밌게 만드는 요소가 있으니, 바로 6장(사건과 드라마)에서 설명한 딜레마다. 딜레마는 위기 상황에서 내리는 선택을 통해 주인공의 판단력과 가치관을 시험한다. 치히로는 영약의 사용처를 선택해야 하는 상황에서 하쿠와 가오나시에게 영약을 사용한다. 키키의 경우도 마찬가지인데, 톰보에게 초대받은 파티에 가느냐, 노부인을 도와 파이를 굽느냐 하는 딜레마 상황에서 키키는 후자를 선택한다.

이러한 딜레마는 이어질 클라이맥스에 결정적인 기여를 한다. 대위기의 딜레마 상황 속에서 주인공이 한 선택이 이어지는 3막의 클라이맥스에서 일정한 결과로 돌아오기 때문이다. 이제부터 지브리 스토리텔링의 진정한 비결이라 할 수 있는 더블 클라이맥스 구조에 대해 알아보자.

 ## 3막(해결부):
더블 클라이맥스와 결말

스토리텔링에서 '클라이맥스'는 스토리의 절정 또는 최고조를 의미한다. 작품에서 가장 극적이고 흥미진진한 부분으로, 주요 갈등이 최고조에 달해 주인공이 가장 큰 도전에 직면하는 순간이다.

클라이맥스는 창작자가 관객에게 전하고자 하는 핵심 장면으로, 전체 스토리는 클라이맥스를 위해 존재한다고 해도 과언이 아니다. 따라서 스토리텔러는 클라이맥스에서 아름답고 감동적이며 웅장한 장면이 있을 것이라고 스토리 내내 끊임없이 약속하고 암시한다. 관객이 스토리를 통해 기대하는 것이 바로 클라이맥스에 있기 때문이다.

지브리 영화는 오래도록 기억에 남는 아름다운 클라이맥스 장면으로 명성이 자자하다. 지브리의 클라이맥스는 특이하게도 두 번에 걸쳐 나타난다. 이른바 '더블 클라이맥스 구조'라 할 수 있다. 첫 번째 클라이맥스는 주인공의 내면과 관련된 정서적 클라이맥스이며, 두 번째 클라이맥스는 중심 갈등과 관련된 사건의 클라이맥스이다. 정서적 클라이맥스는 주인공의 내적 갈등을 해소해 내면의 성장을 이루고, 사건의 클라이맥스는 주인공이 이룬 성장을 토대로 중심 갈등을 해소한다. 그럼 두 클라이맥스의 기능과 역할에 대해 알아보고, 이것이 관객에게 어떻게 감동을 주는지 살펴보자.

클라이맥스 1: 행동의 보답

2막의 대위기 속에서 딜레마에 처한 주인공은 중대한 선택을 하게 된다. 그리고 이 선택 때문에 주인공은 일시적으로 중심 갈등을 해소할 방법을 상실한다. 영약을 양보한 치히로는 부모를 인간으로 되돌릴 방법을 잃었고, 파티를 포기한 키키는 도시 생활에 적응하기는커녕 마법까지 사용하지 못하게 된다. 하지만 주인공의 능동적인 행동은 예상치 못한 보답을 가져온다.

하쿠는 치히로가 인간 세계로 돌아갈 수 있도록 유바바에게 자신의 목숨을 내건다. 하쿠의 희생을 전제로 한다는 점에서, 이러한 보답은 아직 불완전하다. 이는 치히로의 바람에 어긋나는 것이기 때문이다. 진정한 클라이맥스는 서로의 행동이 마침내 보답을 받게 되는 순간 찾아온다. 하쿠 덕분에 이름과 정체성을 되찾을 수 있었던 치히로는 하쿠의 등에 올라타면서 어릴 적 하쿠를 만났던 기억을 떠올린다. 이에 하쿠가 이름과 정체성을 되찾고 유바바의 속박에서 벗어나는 장면은 〈센과 치히로의 행방불명〉 최고의 명장면이다.

> **하쿠** 치히로, 고마워! 내 진짜 이름은 니기하야미 코하쿠누시야!
>
> **치히로** 니기하야미?
>
> **하쿠** 니기하야미, 코하쿠누시!
>
> **치히로** 멋진 이름이다, 신의 이름 같아…….

서로가 서로를 위해 행동한 결과, 둘 모두 양방향의 구원을 받게 된 것이다. 치히로와 하쿠가 중력에 몸을 맡긴 채 감동을 공유하는 이 장면은 지금까지도 지브리 영화는 물론 영화사를 통틀어서도 가장 감동적인 장면 중 하나로 회자된다. 이 정서적 클라이맥스를 통해 치히로와 하쿠는 자신들이 가지고 있던 내적 갈등을 해소하고, 최후의 시련에 도전할 용기를 얻는다.

　　이와 같은 클라이맥스는 〈마녀 배달부 키키〉에서도 찾을 수 있다. 노부인과 함께 파이를 만들기 위해 초대받은 파티에 가지 못했던 키키의 행동은 노부인에게 케이크를 선물받는 것으로 보답받는다. 슬럼프에 빠져 있던 키키가 노부인의 진심이 담긴 케이크를 통해 자기가 하는 일의 의미를 깨닫는 이 장면은 영화의 정서적 클라이맥스라 하기에 손색이 없다. 키키의 내적 갈등이 해소되는 동시에 키키의 성장이 이루어지는 장면이기 때문이다.

　　〈이웃집 토토로〉의 정서적 클라이맥스는 자매가 토토로와 함께 나무를 자라게 만드는 장면이다. 사츠키는 비오는 날 토토로에게 우산을 양보하고 토토로는 그 보답으로 나무 열매 씨앗을 선물한다. 자매가 마당 한구석에

씨앗을 심자 토토로는 하룻밤만에 나무를 자라게 하는 마법을 보여주면서 자매와 숲의 정령들 사이에서 교감이 이루어진다. 이 또한 사츠키의 행동(우산의 양보)이 보답을 받는다는 점에서 정서적 클라이맥스라 할 수 있다.

이러한 '행동의 보답' 구조는 딜레마 상황에서 주인공이 선택한 행동이 가져오는 결과를 강조하며, 인과응보의 원리를 통해 이야기에 깊이와 의미를 더한다. 주인공의 행동이 단순한 희생에 그치지 않고 의미 있는 결과를 낳아, 캐릭터의 성장과 내적 갈등의 해소를 극적으로 완성시킨다.

클라이맥스 2: 최후의 시련

지브리의 클라이맥스는 '행동의 보답'이라는 정서적 클라이맥스에서 그치지 않는다. 천부적인 이야기꾼인 미야자키 하야오는 다양한 관객의 기대에 부응하기 위해서는 흥미진진한 사건의 클라이맥스가 필요하다는 것을 알고 있다.

1막의 촉발 사건을 통해 새롭고 낯선 세계에 들어온 주인공은 그 세계의 규칙을 배우며 중심 갈등의 해결을 위해 나아간다. 중심 갈등이 최고조에 이르렀을 때, 주인공은 '최후의 시련' 앞에 선다. 주인공은 지금까지 여러 사건을 겪으며 배운 규칙과 교훈을 총동원해 스스로의 힘으로 최후의 시련을 극복하고 스토리의 중심 갈등을 해소하는데, 이것이 사건의 클라이맥스를 이룬다.

지브리 영화들 가운데 최후의 시련이 가장 명시적으로 나타나는 작품으로는 〈천공의 성 라퓨타〉와 〈벼랑 위의 포뇨〉를 들 수 있다. 〈천공의 성 라퓨타〉의 정서적 클라이맥스는 라퓨타에 도착한 시타와 파즈가 자연 속에 파묻힌 라퓨타의 유적을 마주하는 장면이다. 두 주인공은 라퓨타의 존재를 증명하겠다는 목표를 따라 여러 역경을 극복한 결과 라퓨타의 아름다운 풍경과 함께 그것의 존재를 확인받는다. 그러나 그들은 라퓨타의 양면적인 속성을 발견하는데, 아름답고 신비로운 라퓨타가 그 이면에 전쟁 병기라는 진실을 감추고 있었다는 사실이다. 여기서 시타와 파즈는 문명에 대비되는 자연의 아름다움과 함께, 라퓨타에 살았던 이들이 그곳을 포기하고 지상으로 내려간 이유를 이해하게 된다.

이러한 깨달음과 내면의 성장은 두 주인공이 최후의 시련에서 내리는 결단으로 이어진다. 시타와 파즈는 라퓨타가 악인의 손에 들어갈 경우 돌이킬 수 없다는 것을 깨닫고, 그토록 염원해왔던 라퓨타를 포기한다.

파즈 침착하고 잘 들어, 주문을 알려줘. 나도 함께 외울게. (왼손에 비행석을 들고 있음을 보여주며) 내 왼손에 손을 올려.

시타의 손을 잡은 파즈는 손에 들고 있던 총을 바닥에 던져 무기는 답이 될 수 없다는 것을 무스카에게 보여준다. 당황한 무스카 앞에 시타와 파즈는 라퓨타를 멸망시키는 주문을 외운다.

시타, 파즈 바루스.

이 장면은 지브리식 더블 클라이맥스 구조가 효과적인 이유를 보여주는 최고의 명장면이다. 이 사건의 클라이맥스가 빛을 발하는 이유는 주인공들의 오랜 염원에 대한 보답과 내면의 성장을 아름답게 그려낸 정서적 클라이맥스가 선행되었기 때문이다.

〈벼랑 위의 포뇨〉는 사건의 클라이맥스를 좀 더 명시적으로 활용한다. 포뇨가 인간이 되기 위해선 소스케가 시련에 통과해야만 한다. 하지만 그 시련의 내용이 무엇인지는 구체적으로 알려주지 않은 채 시련을 예고하는데, 이는 미야자키 하야오가 3막 구조를 메타적으로 활용한 사례다. 다시 말해 영화 속 캐릭터가 직접 스토리의 구조와 요소를 언급하며 관객이 이를 의식하게 만든다. 이는 다음 대화에서 명확히 드러난다.

> **후지모토**　여러분들, 조용히 하세요! 마침내 운명의 시간입니다. 소스케와 포뇨가 여기로 오고 있어요.
> **할머니1**　어쩜 좋아! 사랑의 시련이야!
> **할머니2**　가슴이 두근거리는 걸!

이 대화에서 등장인물들은 '운명의 시간'과 '시련'이라는 단어를 직접적으로 사용하며 사건의 클라이맥스를 암시하고 있다. 포뇨의 어머니 그랑맘마레는 최후의 시련 앞에 선 소스케에게 묻는다.

> **그랑맘마레**　포뇨를 데려와줘서 고마워요. 소스케, 포뇨는 인간이 되고 싶어서 마법의 뚜껑을 열었어요. 인간이 되려면 포뇨의 진짜 모습을 알면서도 좋아해주는 남자

아이가 있어야 해요. 당신은 포뇨가 물고기였단 걸 알고 있나요?

소스케   네!

그랑맘마레   포뇨는 당신의 피를 먹고 인어가 됐어요.

소스케   그랬구나, 포뇨가 내 상처를 핥아서 낫게 해줬어요. 그래서 인어가 된 거예요!

그랑맘마레   포뇨가 인어라도 상관없나요?

소스케   전 물고기 포뇨도, 인어 포뇨도, 인간 포뇨도 전부 좋아해요!

최후의 시련 앞에 서는 건 소스케만이 아니다. 그랑맘마레는 포뇨에게도 질문한다.

그랑맘마레   지금부턴 소스케가 네 보호자가 돼주기로 했단다. 인간이 되기 위해선 마법을 버려야 해. 괜찮겠니?

포뇨   응!

최후의 시련을 끝낸 그랑맘마레는 이들이 시련에 통과하고 중심 갈등을 해결했음을 선언한다.

그랑맘마레 세계에 뚫린 구멍은 이제 완전히 막혔어요!

이 장면이 힘 있게 다가오는 이유는 이 기저에 정서적 클라이맥스가 깔려 있기 때문이다. 최후의 시련에 서기 전, 포뇨와 소스케는 장난감 배를 타고 가다 아기를 데리고 있는 한 가족을 만나는데, 이 장면이 바로 〈벼랑 위의 포뇨〉의 정서적 클라이맥스다. 아기가 신기해 보였던 포뇨는 아기에게 자신의 수프를 나눠준다. 그런데 아기가 아니라 아기 어머니가 수프를 먹자 포뇨는 화를 내며 말한다.

> **포뇨** 아기 거야!
> **어머니** 미안해, 아기는 아직 수프를 못 먹지만 내가 먹으면 젖을 만들어서 아기를 먹일 수 있거든. 포뇨, 이 수프 아줌마가 먹어도 될까?
> **포뇨** 응!
> **어머니** 고마워.

이들과 작별 인사를 나누고 떠나기 전, 포뇨는 아기를 껴안고 코를 맞추며 자신의 마법을 나누어준다. 포뇨가

'인간이 된다는 것'의 의미를 배우는 이 장면은 난해하면서도 몽환적인 아름다움을 주는 정서적 클라이맥스다. 이 깨달음은 사건의 클라이맥스에서 포뇨와 소스케가 최후의 시련을 지혜롭게 헤쳐나가도록 돕는다.

더블 클라이맥스 구조에서 중요한 것은 두 클라이맥스가 유기적으로 연결돼야 한다는 것이다. 정서적 클라이맥스를 통해 이룬 주인공의 변화와 성장이 최후의 시련에서 자연스럽게 드러나야 한다. 그 변화를 자연스럽고 직관적으로 드러낼 때 관객들은 보다 깊은 감동을 받는다. 만약 주인공의 변화와 성장이 사건 해결에 기여하지 못하고 있다면 관객들은 스토리에 몰입한 보답을 받지 못한다고 느낄 것이다.

결말

클라이맥스를 통해 최고조에 달했던 긴장이 해소되면서 사건이 마무리되는 단계를 '결말'이라 한다. 결말은 크게 네 유형으로 나눌 수 있는데, 주인공이 행복한 결말을 맞이했느냐에 따라 해피 엔딩과 새드 엔딩이 나뉘고, 스토리가 끝난 뒤에도 질문 거리가 남아 있느냐에 따라 열린 결말과 닫힌 결말로 나뉜다.

이러한 결말은 창작자가 스토리를 통해 전하려는 주제나 효과에 따라 적절하게 선택할 수 있다. 일반적으로 해피 엔딩은 관객에게 만족감과 카타르시스를 제공하고 긍정적인 메시지를 전하고자 할 때 적합하다. 새드 엔딩은 깊은 여운과 성찰의 기회를 주며, 관객들에게 강렬한 감정적 반응을 유도하거나 도덕적, 사회적 메시지를 전달하려 할 때 적합하다. 열린 결말은 관객의 상상력을 자극하고 다양한 해석의 여지를 남기고 싶을 때 효과적이다. 닫힌 결말은 명확한 종결감과 뚜렷한 메시지를 전하길 원할 때 적합하다.

해피 엔딩과 새드 엔딩을 가르는 기준에는 주인공의 목표 달성 여부가 있다. 앞서 스토리는 주인공이 조화와 균형을 상실하면서 시작된다고 설명했다. 이 조화와 균형을 회복하려는 욕망과 목표가 달성됐는지의 여부가 해피 엔딩과 새드 엔딩을 가른다.

〈바람계곡의 나우시카〉의 나우시카는 전쟁을 막는 데 성공하고, 〈천공의 성 라퓨타〉의 시타와 파즈는 라퓨타를 찾는 데 성공하며, 〈마녀 배달부 키키〉의 키키는 진정한 마녀가 되어 마을에 정착하는 데 성공한다. 〈붉은 돼지〉의 포르코는 잃어버린 낭만을 되찾고, 〈모노노케 히메〉의 아시타카는 인간과 자연의 대립을 멈추고 재앙신의 저주에서 벗어난다. 〈센과 치히로의 행방불명〉의 치히로는 부모의 저주를 풀고 인간 세계로 돌아가며 〈하울의 움직이는 성〉과 〈벼랑 위의 포뇨〉의 하울과 포뇨는 인간이 되는 데 성공한다. 〈그대들은 어떻게 살 것인가〉의 마히토는 받아들이지 못하던 어머니의 죽음을 비로소 받아들이게 된다.

이처럼 (일반적인 지브리 영화와는 지향성이 다른 〈바람이 분다〉 정도를 제외하면) 미야자키 하야오가 만든 거의 모든 지브리 영화가 해피 엔딩을 맞는다. 그럼에도 불구하고 지브리 영화는 유달리 깊은 여운을 남기는 것으로 유명하다. 어째서일까?

"제 이야기를 해보겠습니다. 〈센과 치히로의 행방불명〉을 만들 때였습니다. 치히로는 처음에 터널에 들어갈 때와 나중에 나올 때 똑같은 모습입니다. 어머니 손에 달라붙어 무서워하는 얼굴로 걷고 있지요. 그에 대해 치히로가 전혀 성장하지 않은 것이냐는 비평이 있었습니다. 그런데 부모가 아무리 못미덥다 해도 아직 초등학생일 뿐인 아이가 부모로부터 완전히 독립하기란 불가능합니다."[7]

미야자키 하야오는 영화가 끝난 후에도 주인공의 성장 가능성을 남겨둔다. 그렇기에 지브리 영화는 대부분 열린 결말이라 할 수 있다. 그는 "인생 수업을 거쳐 어느 시점에 이르면, '이제 어엿한 어른이 되었구나' 하고 선을 긋는" 식으로 이야기를 결말 짓지 않는다. 영화가 끝난 후에도 주인공은 여전히 성장하며 살아갈 것이라는 암시를 남긴다.

여기서 우리는 여운이 남는 결말을 만들기 위한 한 가지 방법을 알 수 있다. 주인공의 주요 갈등은 해결하되 앞으로의 지속적인 성장 가능성을 암시하고, 캐릭터의 미래 모습에 대한 작은 힌트를 남기되 구체적인 내용은 관객의 상상에 맡기는 것이다.

사츠키와 메이 자매는 어떤 어른으로 자라날까? 인간 세계로 돌아간 치히로는 어떤 학창 시절을 보낼까? 산과 아시타카는 어떻게 교류할까? 포뇨는 어떤 사람이 될까? 닫히지 않은 캐릭터들의 성장 가능성은 우리에게 무한한 질문을 발생시키며 여운을 남긴다. 이야기가 끝나

---

7 미야자키 하야오, 송태욱 옮김, 《책으로 가는 문: 이와나미 소년문고를 말하다》, 현암사, 2013.

더라도 캐릭터는 계속해서 성장하며 살아간다는 것, 지브리 영화를 여운 있게 만드는 결정적인 비결이 바로 여기에 있지 않을까.

✎ 요약

- 구조란 스토리의 전체적인 뼈대로, 사건의 배열, 긴장과 그 해소의 패턴, 시간의 흐름 방식 등을 결정하는 틀을 의미한다. 구조를 이해하는 것은 스토리의 효과적인 구성과 분석에 핵심적이며, 예측 가능성과 예측 불가능성을 적절하게 관리하고 창의성을 발휘하는 데에도 도움이 된다.

- 3막 구조는 관객을 만족시키는 보편적인 스토리 구조를 파악하고 만드는 데 용이하다. 1막에서는 등장인물과 중심 갈등이 소개되고, 2막에서는 주인공이 어려움에 맞서 싸우며 성장하는 과정이, 3막에서는 중심 갈등이 해결되는 모습이 그려진다.

- 지브리의 스토리는 일반적인 3막 구조와 다르다 여겨지기도 하는데, 이는 지브리 영화가 중심 갈등을 대하는 방식이 다르기 때문이다. 지브리 영화는 중심 갈등을 명시적으로 드러내지 않기도 한다.

- 안전한 일상에 머무르던 주인공은 촉발 사건이라는 계기를 통해 조화와 균형을 상실하면서 본격적인 스토리가 시작된다. 이러한 촉발 사건은 주인공의 욕망과 목표를 설정하는 동시에 주인공을 새롭고 낯선 세계로 이끈다.

- 장편영화 기준, 주인공은 크게 두 차례의 대위기를 겪는다. 첫 번째 대위기를 해결하는 과정에서 첫 번째보다 훨씬 크고 복잡한 두 번째 대위기가 설정된다. 대위기는 주인공을 딜레마 상황에 빠뜨려 스토리를 더욱 흥미진진하게 만든다.

- 지브리 영화는 정서적 클라이맥스와 사건의 클라이맥스라는 더블 클라이맥스 구조를 가진다. 정서적 클라이

맥스는 주인공의 행동에 따른 결과로 나타나는 경우가 많으며, 이를 통해 주인공은 내면의 성장을 이룬다. 사건의 클라이맥스는 주인공의 변화와 성장을 시험하는 최후의 시련이라는 형태로 나타나는 경우가 많으며, 이를 통해 스토리의 중심 갈등이 해소된다. 두 클라이맥스가 유기적으로 연결될 때 스토리는 더 큰 감동을 준다.

- 결말의 유형에는 해피 엔딩과 새드 엔딩, 열린 결말과 닫힌 결말이 있으며, 스토리가 전하려는 주제나 효과에 따라 적절한 결말을 선택해야 한다. 지브리 영화는 주인공의 성장 가능성을 남겨두는 열린 결말로 관객들에게 깊은 여운을 남긴다.

✏️ 실전 연습

- -

1. 당신의 스토리를 3막 구조와 비교해 분석해보자. 촉발 사건, 제1전환점, 2막의 시작점, 대위기, 제2전환점, 3막의 시작점, 클라이맥스는 각각 무엇인가? 이 중 당신의 스토리에서 생략한 요소가 있다면 그 이유는 무엇인가?

2. 당신의 스토리 속 주인공은 어떤 사건을 통해 새롭고 낯선 세계에 들어가는가? 이를 통해 설정되는 중심 갈등과 주인공의 목표는 무엇인가?

3. 당신의 스토리 속 주인공은 어떤 대위기를 겪는가? 결정적인 딜레마 상황에서 주인공은 어떤 선택을 내리며, 이는 스토리의 클라이맥스와 어떻게 연결되는가?

4. 당신의 스토리에는 정서적 클라이맥스와 사건의 클라이맥스가 둘 다 있는가? 그렇지 않다면, 그 이유는 무엇인가? 그렇다면, 정서적 클라이맥스에서 보여준 주인공의 변화와 성장은 사건의 클라이맥스에서의 사건 해결에 어떻게 기여하는가?

5. 당신의 스토리에는 어떤 결말이 필요한가? 해피 엔딩인가, 새드 엔딩인가? 열린 결말인가, 닫힌 결말인가? 그런 결말이 필요한 이유는 무엇인가?

6. 주인공이 촉발 사건에서 상실했던 조화와 균형을 되찾고, 목표를 달성한 이후의 삶은 어떻게 될까? 실제 스토리의 결말과 상관없이 자유롭게 상상해보자.

"힘을 가진 돌은 사람들을 행복하게도
하지만, 때로는 불행하게 만들기도 한단다.
게다가 그 돌은 사람이 만든 것이야.
걱정이 되는구나."

— 〈천공의 성 라퓨타〉, 폼 할아버지

8장

세계관

지브리 같은
세계관 만들기

세계관이란 스토리가 펼쳐지는 가상의 무대이자, 작품 속에서 완결된 체계를 갖추고 존재하는 하나의 세계를 뜻한다. 세계관은 단순한 배경 이상으로, 등장인물들의 행동과 사건의 전개에 영향을 미치는 규칙이나 역사, 문화를 아우른다. 특히 판타지나 SF 같은 장르에서 세계관은 작품의 설득력과 몰입도를 좌우하는 핵심 요소다. 그러나 세계관을 만들 때 주의할 점이 있으니, 그것이 스토리를 위한 도구라는 사실을 잊지 말아야 한다는 것이다. 세계관에 지나치게 몰두한 나머지 정작 전달하고자 하는 스토리를 놓치는 우를 범해선 안 된다.

지브리 세계관의 주된 특징 중 하나는 세계관을 뚜렷하게 설명하지 않는다는 점이다. 오히려 세계관에 대한 설명을 배제해 신비로움과 기괴함을 전달하는 데 중점을 둔다. 지브리 영화를 보고 나서도 그 영화의 세계관을 설명하기가 어려운 것은 바로 이 때문이다.

〈붉은 돼지〉를 예로 들면, 이 영화의 세계는 분명 현실과 차이가 있음에도 그 차이를 유난스레 드러내지 않는다. 포르코는 저주에 걸려 돼지가 되었으면서도 아무렇지 않게 인간들 사이에서 어울리며, 사람들은 이에 대해 의문을 제기하지 않는다. 이는 〈붉은 돼지〉뿐만 아니라 지브리 영화 전반에 나타나는 특징이기도 해서, 지브리 영화는 마술적 리얼리즘의 작품으로 분류되기도 한다.

세계관을 대하는 지브리 영화의 태도는 우리에게 한 가지 교훈을 준다. 많은 창작자가 세계관을 만들고 보여주는 데 함몰되어 정작 드러내야 할 스토리의 본질을 놓치는 경우가 많기 때문이다. 스토리텔링에서 중요한 것은 스토리지, 세계관이 아니다.

물론 그렇다고 해서 세계관이 중요하지 않다는 말은 아니다. 지브리 영화도 그것을 자세히 설명하지 않을 뿐, 그 기저에는 탄탄한 세계관이 자리 잡고 있다. 지금부터 지브리의 사례를 통해 세계관을 어떻게 만들고 표현하면 좋을지 알아보자.

세계관에 깊이를 더하라

세계관을 만들 때 중요한 것은 깊이가 있는 세계를 구축하는 것이다. 단순히 아름답고 이상적이기만 한 세계를 그리는 것이 아니라 그 세계가 가진 복잡성과 모순까지도 포용할 때, 비로소 살아 숨 쉬는 깊이 있는 세계가 탄생한다.

지브리 영화는 현실을 토대로 하면서도 현실과 동떨어져 보일 때가 많다. 이는 영화 속 세계가 미야자키 하야오가 그리는 이상향에 기반하고 있기 때문이다. 이상향은 지브리 영화에서 떼려야 뗄 수 없는 요소 중 하나다. 〈바람계곡의 나우시카〉 속 푸른 청정의 땅부터 〈천공의 성 라퓨타〉 속 라퓨타, 〈모노노케 히메〉 속 타타라 마을과 사슴신의 숲에 이르기까지 지브리 영화에는 다양한 이상향이 제시된다.

하지만 미야자키 하야오가 그리는 이상향의 모습은 다른 창작자들의 그것과 사뭇 다르다. 예를 들어 이상향을 다룬 대표적인 소설, 제임스 힐턴James Hilton의 《잃어버린 지평선》에는 세상과 단절된 채 평화롭고 윤택한 삶을 누리는 이상향 '샹그리라'가 묘사된다. 반면 미야자키 하야오의 이상향은 현실 세계와 완전히 분리돼 있지 않고, 결코 완벽하지 않으며 오히려 위태롭기까지 하다. 이는 그가 이상향을 그리면서도 그것에 숨겨진 복잡성과 모순, 어두운 이면을 탐구하는 데 주저하지 않기 때문이다. 이를 통해 영화는 더욱 깊이 있고 현실적인 세계를 보여준다.

미야자키 하야오의 상상력을 통해 만들어진 〈모노노케 히메〉의 타타라 마을은 그가 꿈꾸는 이상향을 담고 있지만, 그 실상은 마냥 긍정적이지만은 않다. 타타라 마을은 앞서 말한 샹그리라와 달리 현실과 단절된 공간이 아니기 때문이다. 타타라 마을이 인간들의 유토피아로 존속하기 위해서는 자연을 파괴해야 하며, 이는 인간과 자연의 대립이라는 악순환을 낳는다.

〈천공의 성 라퓨타〉도 마찬가지다. 하늘에 떠 있는 '천공의 성' 라퓨타는 그 이미지만으로도 천국을 연상시키는 궁극적인 이상향이다. 하지만 영화 후반 라퓨타가 하늘에서 지상을 착취하는 곳이었으며 이를 위한 전쟁 병기를 가지고 있다는 사실이 밝혀진다.

이처럼 미야자키 하야오는 자신이 꿈꾸는 이상향을 그리면서도 그 이상향에 내재된 어두운 면을 묘사하는 데 거리낌이 없다. 이는 작품 속 세계관에 깊이감을 더하고 스토리의 갈등을 풍부하게 만든다. 이를 통해 지브리가 그리는 세계는 박제된 무균의 낙원에 머무르지 않고 살아 숨 쉬는 입체적인 세계가 된다.

이러한 세계관은 또 한 가지 이점을 갖는다. 10장(주제)에서 자세히 다루겠지만, 창작자의 이상을 지나치게 아름답게만 그리는 작품은 프로파간다로 전락할 위험이 있다. 이상향에 서린 어두운 이면을 탐구하는 지브리의 세계관 창조 방식은 이러한 우려를 효과적으로 불식시킨다.

전부 설명하지 말라

세계관을 만들고 드러낼 때 또 한 가지 중요한 점은 세계관의 모든 것을 설명하려 들지 않는 것이다. 작품 속 세계에 작동하는 내적 원리와 법칙은 일관적으로 만들어두되, 스토리 진행에 꼭 필요하지 않은 구체적인 정보는 숨겨둬라. 이는 관객의 능동적인 상상을 유도하고 작품에 대한 몰입도를 높이는 효과적인 방법이다. 지브리의 영화 속 '마법과 저주'의 묘사는 이러한 방식의 효과를 잘 보여준다.

지브리 영화에서 나타나는 마법의 주요 특징은 구체적인 원리가 설명되지 않는다는 것이다. 미야자키 하야오의 영화에서 마법이나 저주는 언제나 결과만 나타나기 때문에, 그 원리나 방식은 관객이 알아서 상상할 수밖에 없다.

〈붉은 돼지〉는 그런 경향이 가장 강하게 드러나는 작품이다. 포르코는 저주에 걸려 돼지가 되었다고 하지만 그가 저주에 걸린 이유가 무엇인지, 어떻게 해야 저주에서 풀려날 수 있는지는 전혀 설명되지 않는다. 〈하울의 움직이는 성〉에서 노인의 모습으로 변하는 소피와 괴물이 되어가는 하울의 저주, 〈모노노케 히메〉에서 아시타카의 팔에 걸린 저주 또한 그 저주의 명확한 정체, 근원이나 메커니즘을 구체적으로 설명해주는 장면이 없다. 그래서 관객들은 작품 속에 제시된 정보들을 힌트 삼아 이들에게 걸린 저주를 추측하고 상상하게 된다.

지브리 영화는 마법과 저주를 자세히 설명하지 않는 대신, 마법의 세계 내부에 나름대로의 법칙이 존재한다는 것을 강조한다. 예를 들어 〈하울의 움직이는 성〉에서 황야의 마녀는 소피에게 저주를 건 뒤 이렇게 말한다.

황야의 마녀 그 저주는 사람한텐 말할 수 없으니까 하울한테 부탁하든지.

이러한 규칙은 창작자의 상상을 통해 만들어진 허구적 세계에서도 일관된 원리가 작동하고 있음을 암시하며, 그 세계가 실제로 존재하는 것처럼 보이게 해 관객들의 몰입감을 높인다.

게다가 구체적으로 설명되지 않는 마법의 존재는 지브리 영화의 세계를 보다 몽환적이게 만든다. 이와 관련된 미야자키 하야오의 생각을 알 수 있는 자료가 있다. 그는 세계적인 판타지소설 《어스시의 마법사》 시리즈를 두고 이렇게 논평한 바 있다.

> "(《어스시의 마법사》에 등장하는 용은) 여러 작품 가운데 가장 잘 그려진 용이라고 생각합니다. 인간보다 훨씬 오래된 태고의 생물로 선과 악도 초월하며, 그것이 사라지면 별 자체가 생명력을 잃어버린다는 상징이지요. 바보처럼 저는 감쪽같이 작가의 손에 놀아나, '용이 없어지면 어떡하지?' 하고 두근거리며 읽었습니다. 그런데 사실 작가 어슐러 K. 르 귄의 표현을 읽으면, 그저 평범한 인상의 용입니다. "꼬리가 길고 탑처럼 우뚝 솟았다"라고 쓰여 있습니다. '대단한 높이가 아니구나' 하는 느낌입니다. 어쩐지 재미없습니다. 그래서인지 구체적 형상으로 만들고 싶지는 않았습니다.[8]

이는 미야자키 하야오가 설명을 배제하여 몽환적인 세계를 그리는 이유를 보여주는 논평이기도 하다. 상상력을 활용해 능동적으로 작품을 감상할 때 관객은 더욱 큰 감흥을 느끼게 된다. 작품 속 용이 구체적인 표현으로 묘사될 때 '어쩐지 재미없어진다'는 미야자키 하야오의 말에 주목하자.

만약 세계관이 돋보이는 작품을 만들고 싶다면, 관객에게 이를 설명하기보다는 세계관에 대한 정보를 퍼즐 조각처럼 만들어 스토리 곳곳에 던져두자. 이는 관객에게 능동적인 작품 참여를 유도하고 작품을 감상하는 또 다른 재미를 선사할 것이다.

 ## 왓이프적 상상력을 발휘하라

세계관을 만드는 구체적인 방법은 무엇일

8 미야자키 하야오, 송태욱 옮김, 《책으로 가는 문: 이와나미 소년문고를 말하다》, 현암사, 2013.

까? 세계관이라고 해서 거창하게 생각할 필요는 없다. '왓이프what if적 상상력'을 통해 현실을 재구성해 보는 것으로도 충분히 독창적인 세계관을 만들 수 있다. 왓이프적 상상력이란 '만약에 이렇다면 어떨까?'라는 질문을 통해 새로운 세계를 상상하는 능력을 뜻한다. '만약 인간에게 날개가 있다면 어떨까?', '만약 시간 여행이 가능하다면 어떤 일이 벌어질까?' 같은 질문을 던지는 것이다.

이러한 상상력은 지브리 영화와 같은 판타지나 SF 장르에서 빛을 발한다. 이런 질문은 익숙한 현실의 틀을 깨고 새로운 세계를 상상할 수 있게 하기 때문이다. 그렇다고 해서 지브리 영화가 현실과 완전히 동떨어진 공상에 기반한다는 것은 아니다. 미야자키 하야오의 왓이프적 상상력이란 결국 현실에서 유래한다. 이는 지브리의 세계관을 형성하는 중요한 비결이다.

〈마녀 배달부 키키〉는 '만약 마법을 쓰는 마녀가 실제로 존재해 우리들 사이에 섞여 살아간다면?'이라는 왓이프적 상상력에서 출발한다. 이 영화는 스토리의 시공간적 배경을 의도적으로 모호하게 만들어 환상적인 분위기를 자아낸다. 그러나 영화 속 세계관은 현실에 기반을 둔다. 키키가 정착한 마을은 유럽과 미국의 여러 요소들을 가져와 섞고 현실보다 과학이 더디게 발전한 세계로 재구성해 만든 것이다.

〈모노노케 히메〉의 세계관에서도 이런 상상력을 발견할 수 있다. 이 영화는 일본의 무로마치 시대*를 배경으로 하고 있지만, 〈모노노케 히메〉만의 독창적인 역사 해석이 군데군데서 발견된다. 일례로 아시타카가 시장에서 쌀을 사는 장면을 보면 장사를 하고 있는 사람들 중 여성이 많다는 것을 발견할 수 있다. 아시타카가 가진 금을 노리고 접근하는 도적 무리에도 여성이 끼어 있는가 하면, 타타라 마을을 이끄는 지도자인 에보시 또한 여성이다. 이 영화는 무로마치 시대에 민중의 역할이 증대하고 문화, 예술, 정치에서 두각을 드러내는 여성들이 있었다는 역사적 사실에 주목해, '만약 당시 여성들이 사회 곳곳에서 활발히 활약했다면 어땠을까?'라는 왓이프적 상상력을 창의적으로 구현한 것이다.

지브리 영화의 왓이프적 상상력은 거시적인 세계나

---

* 1336년부터 1573년까지 아시카가 막부가 지배한 시기이다. 이 시대에는 이전 가마쿠라 시대와 달리 출신 배경과 관계없이 농민과 상인 층의 사회 진출이 활발해져, 일본 역사상 처음으로 민중이 사회의 주요한 역할을 담당하게 되었다. 그러나 동시에 하극상과 전란이 빈번하게 발생한 혼란의 시기이기도 했다.

역사에만 국한되지 않는다. 실존 인물인 호리코시 지로의 일대기를 다룬 전기 영화 〈바람이 분다〉에서도 이러한 상상력이 발휘된다. 영화는 호리코시 지로의 삶을 있는 그대로 재현하는 대신, 그와 동시대를 살았던 시인 호리 타츠오의 이야기를 창의적으로 결합해 전혀 새로운 인물을 탄생시킨다. 〈바람이 분다〉의 기획서에는 미야자키 하야오가 직접 쓴 문구가 등장하는데, 이는 그의 의도를 단적으로 보여준다.

> "이 작품은 1930년대 청춘을 그려낸 이색적인 영화로, 완전한 픽션이자 허구에 기반을 둔다."

호리코시 지로라는 실존 인물을 소재로 했음에도 불구하고 사실에 얽매이기보다 자신만의 상상력을 자유롭게 펼쳐냈던 것이다.

이처럼 지브리만의 독창적인 세계관은 '만약에 이렇다면 어떨까?'라는 왓이프적 상상력을 토대로 한다. 현실을 기반으로 하되 거기에 머무르지 않고, 상상력을 발휘해 낯설지만 매력적인 세계를 선사한다. 이런 세계관은 현실과 환상의 경계를 자유롭게 넘나들며, 고정관념을 깨고 새로운 시선으로 세상을 바라보게 만든다.

공간이
만들어내는 이야기

공간은 세계관을 만들고 그것을 시각적으로 형상화하는 중요한 요소 중 하나다. 지브리 영화는 언제나 공간 배경을 명확하게 설정하는데, 명확한 공간은 작품의 독특한 세계관을 직관적으로 보여줄 뿐 아니라 스토리에서 직접적으로 묘사하지 않는 배경 설정이나 뒷이야기를 암시하며, 때로는 새로운 스토리를 발생시키는 촉매제가 되기도 한다.

〈모노노케 히메〉의 초반부에 등장하는 아시타카의 마을은 설정을 암시하는 공간의 좋은 예시다. 자세히 보면 아시타카의 마을은 경사가 매우 높은 곳에 위치해 있고, 아시타카와 재앙신의 싸움 또한 가파른 경사면에서 이뤄진다. 이는 아시타카가 속한 에미시 부족이 일본의 주류 민족과의 전쟁에서 밀려나 변방의 산악 지대로 쫓겨난 소수 민족임을 암시한다. 공간 묘사를 통해 작품 속 역사적 배경과 설정이 드러나는 셈이다.

한편 〈센과 치히로의 행방불명〉에서 공간은 새로운 스토리를 발생시키고 극적 재미를 높이는 장치로 활용된다. 치히로가 사다리를 오르기 위해 좁고 부서진 파이프 위를 아슬아슬하게 건너가는 장면이 대표적이다. 치히로가 위험을 무릅쓰고 좁은 공간을 통과하는 과정은 치히로의 성장과 용기를 상징적으로 보여줄 뿐 아니라 스토리에 긴장감을 불어넣는다. 이처럼 공간은 단순한 배경이 아니라 캐릭터의 심리와 행동을 드러내고, 나아가 새로운 사건을 만들어내는 능동적인 스토리텔링 요소로 기능한다.

더불어 개성적이고 구체적인 공간은 그 스토리만의 독창적인 세계관을 상징적으로 보여준다. '지브리' 하면 떠오르는 독특하고 이국적인 공간, 예를 들어 〈센과 치히로의 행방불명〉 속 수증기 자욱한 화려한 온천이나 〈벼랑 위의 포뇨〉 속 절벽이 돋보이는 바닷가 마을, 〈천공의 성 라퓨타〉 속 하늘 위에 떠 있는 환상적인 성이나 〈하울의 움직이는 성〉 속 지저분하면서도 아름다운 움직이는 성 등은 모두 각 작품의 세계관을 함축적으로 형상화한 공간들이다. 이런 개성적인 공간들은 영화 속 세계가 현실과는 뭔가 다른 독창적인 세계라는 것을 직관적으로 보여주며, 그 작품만의 특유한 분위기를 형성하는 데에도 기여한다. 지브리의 영화가 오래도록 관객들의 마음속에 살아 숨 쉬는 기저에는 이런 공간의 힘을 무시할 수 없을 것이다.

지브리가 이처럼 작품 속 공간에 공을 들이는 이유는 미야자키 하야오가 독서를 하는 방식에서 찾을 수 있다.

"미야(미야자키 하야오의 별명)의 독서는 대부분 그런 식이다. 작가가 쓴 내용을 그대로 받아들이는 게 아니라 책을 읽으며 자기 안에서 다른 세계를 만들어내서 그 안을 즐겁게 돌아다닌다. 그 때문에 미야가 재미있다고 말하는 책의 제목에는 '정원'이라는 단어가 들어간 것이 많다. 책 속에 있는 정원을 자기 나름대로 설계하는 것을 즐긴다고나 할까?"[9]

미야자키 하야오는 이런 방식으로 만들어낸 풍부하고

---

9 스즈키 토시오, 이선희 옮김, 《지브리의 천재들: 전 세계 1억 명의 마니아를 탄생시킨 스튜디오 지브리의 성공 비결》, 포레스트북스, 2021.

구체적인 공간을 통해 관객들에게도 같은 경험을 선사하고자 한다. 그가 만든 아름다우면서도 그로테스크한 공간들은 관객들이 그 안에서 자유롭게 상상력을 펼치고 자신만의 이야기를 만들어내는 토대가 된다. 이는 작품에 대한 관객의 몰입도를 높이고, 영화가 끝난 후에도 오랫동안 강렬한 인상을 남기는 효과를 낸다. 따라서 당신의 스토리 속 세계관을 어느 정도 만들었다면, 이를 대표할 수 있는 구체적이고 개성적인 공간을 구상해보자.

✏ 요약

- 스토리텔링에서 가장 중요한 것은 스토리 그 자체이지 세계관은 아니라는 사실을 명심하자. 세계관은 물론 중요하지만, 세계관을 만들고 보여주는 데 함몰되어 스토리의 본질을 놓쳐서는 안 된다. 지브리 영화 역시 세계관에 대한 뚜렷한 설명을 배제하며 스토리에 필요한 방식으로만 활용하는 데 중점을 둔다.

- 지브리 영화에 등장하는 이상향이 그 이면의 어두움을 거리낌 없이 드러내듯이, 한 세계의 다양한 면모를 담아내려는 노력은 입체적이고 살아 있는 세계를 만든다. 이는 스토리에 깊이감과 생생함을 더한다.

- 지브리 영화 속 대부분의 마법이나 저주가 구체적으로 설명되지 않는 것처럼, 세계관에 대한 모든 정보를 자세히 설명할 필요는 없다. 이는 몽환적인 분위기를 만들어줄 뿐 아니라, 비어 있는 내용을 관객이 추론하고 상상하게 만들어 능동적인 감상을 유도한다. 단, 허구의 세계 속에서도 나름의 일관된 원리는 작동하고 있어야 하며 그것이 관객에게도 암시되어야 한다. 이는 그 세계를 더욱 살아 있는 것처럼 느껴지게 만든다.

- 독창적인 세계를 형성하기 위해서는 '만약에 이렇다면 어떨까?'라는 질문을 통해 새로운 세계를 상상하는 왓이프적 상상력이 필요하다.

- 공간에 대한 구체적인 상상은 세계관을 함축적으로 형상화할 뿐만 아니라 숨겨둔 설정을 암시하거나 새로운 스토리를 발생시키는 등 능동적인 스토리텔링 장치로 기능한다.

✏ 실전 연습

- -

1. 당신의 현실과 관련해 '왓이프적 상상'을 해본다면 어떤 질문을 던질 것인가? 이런 질문과 답을 반복하며 당신만의 세계관을 발전시켜 보자.

2. 당신의 스토리 속 세계를 설명해보자. 그 세계는 평면적인가, 입체적인가? 그 세계는 어떤 일관된 원칙들을 갖고 있는가? 그런 세계가 당신의 스토리에 왜 필요한가?

3. 당신이 만든 세계관에 대해 관객이 꼭 알아야 하는 것과 아닌 것은 무엇인가? 당신의 스토리는 그 정보를 어떻게 제공하고 있는가? 필요 이상으로 자세히 설명된 부분은 없는가?

4. 당신의 스토리 속에서 가장 중요한 공간이 있다면 어디인가? 그 공간을 가능한 한 생생히 묘사해보자. 그 공간은 스토리에서 어떤 기능을 하는가?

"시즈쿠의 원석을 보게 되어서 기뻤다.

　수고했다, 넌 멋진 애야.

　　서두를 필요 없다. 천천히 다듬어가렴."

— 〈귀를 기울이면〉, 시로

9장

표현

신은
디테일 속에 있다

주요 캐릭터와 사건, 중심 갈등과 구조 등 스토리의 주요한 뼈대를 세웠다면 이제 디테일을 살필 차례다. 스토리의 중요 요소를 탄탄히 만들지 않은 채 디테일에 천착하는 것은 지양해야 하지만, 기본적 요소들을 잘 갖춘 뒤 디테일을 다듬는 것은 엄청난 차이와 효과를 만들어낸다. 세계적인 근대건축가 미스 반 데어 로에가 말했듯, 신은 디테일 속에 있다.

지브리 영화에서 발견되는 특징 중 하나는 집요할 만큼 디테일에 집착한다는 점이다. 영화 속 캐릭터들은 문턱에 걸려 넘어질 뻔하기도 하고, 천장에 부딪히기도 하며, 신발을 깜빡하고 밖으로 나가는 바람에 황급히 신발을 신으러 돌아오기도 한다.

이러한 디테일은 꼭 필요한 것은 아닐지도 모른다. 디테일이 없더라도 스토리 전개 자체에는 큰 지장이 없기 때문이다. 하지만 디테일은 스토리에 생명력을 불어넣는다. 사소해 보이는 디테일 하나하나가 모여 캐릭터와 세계에 깊이를 더하고, 관객을 스토리 속으로 빠져들게 만드는 힘을 발휘한다.

가령 앞서 언급한 캐릭터의 행동 묘사만 보더라도 그렇다. 문턱에 걸려 넘어질 뻔하거나, 천장에 머리를 부딪힌 뒤 아파하는 모습, 신발을 잊고 나갔다가 황급히 되돌아오는 묘사와 같은 사소한 디테일들이 쌓이면서 캐릭터는 생명력을 얻는다. 행동이 앞서는 성격, 살짝 덤벙대는 면모가 자연스럽게 드러나면서 캐릭터에 생생함이 더해지는 것이다.

이렇게 생동감 넘치는 캐릭터는 관객에게 친밀하게 다가간다. 그저 스크린 속 허구의 인물이 아니라 곁에 살아 숨 쉬는 누군가처럼 느껴지는 것이다. 우리의 일상 속 사소한 행동과 닮은 모습에서 우리 자신의 일부를 발견하고 자연스레 애착을 갖게 된다.

지브리 영화 속에 나타나는 마법과 저주가 영화 속 세계에 자연스럽게 융화되는 비결도 이것이다. 앞에서 얘기한 것처럼 지브리 영화는 마법이나 저주의 구체적인 원리를 설명하지 않는다. 그러나 마법이 일으키는 현상 자체에 대해서는 집요할 정도로 꼼꼼하게 묘사한다. 이는 영화 속 캐릭터뿐만 아니라 관객에게도 마법이 실재하는 것처럼 느껴지게 하고, 이러한 비현실적인 요소들을 자연스럽게 받아들이게 만든다.

디테일은 스토리의 핵심 내용이나 주제의식을 강조하는 역할도 한다. 〈센과 치히로의 행방불명〉에서 이를 단적으로 보여주는 서브플롯*을 하나 발견할 수 있다. 바로 유바바의 아들인 보우의 여정이다. 앞서 이야기했다시피 보우는 적대자로 처음 등장한 뒤 제니바의 마법에 휘말려 작은 쥐가 되면서 치히로의 동료이자 조력자가 된다. 이때부터 보우는 때로는 화면의 중심에서, 때로는 화면의 구석에서 자기만의 모험을 하게 된다.

이러한 보우의 여정은 치히로의 여정이 가진 의미를 간접적으로 보여주는 역할을 한다. 보우의 여정에서 가장 중요한 장면은 보우가 스스로의 힘으로 걷게 되는 장면이다. 항상 동료 새에게 의지해 이동하던 보우는 새가 지치자 그를 등에 업은 채 자신의 힘으로 걷기 시작한다. 혹여 보우가 힘들까, 치히로는 어깨에 올라와도 좋다며 손을 내밀지만 보우는 새침하게 거절하고 스스로의 발

---

* 서브플롯subplot. 스토리의 메인플롯과 대비되는 부차적 이야기 줄기. 그 자체로 독립되고 완결된 이야기면서도 메인플롯에 영향을 주며 스토리의 전체적인 효과를 끌어올린다. 여기서 메인플롯은 주인공의 중심 갈등과 그 해결 과정을 그리는 이야기 줄기를 말한다.

로 걸음을 재촉한다.

　이 장면은 영화가 보여주려 하는 것이 치히로가 성장해 자립하는 과정이라는 것을 함축적으로 드러낸다. 곧 제니바가 길잡이로 보낸 등불 요괴의 등장에 겁에 질린 보우는 곧장 치히로의 어깨로 올라가는데, 이 모습은 영화의 결말에서 치히로가 성장을 했음에도 불구하고 부모에게 의지하는 장면을 연상시킨다. 이는 어린이들은 성장을 하더라도 여전히 부모의 보호가 필요한 존재라는 미야자키 하야오의 주제의식을 효과적으로 나타낸다.

　이처럼 사소해 보이는 디테일 하나하나가 모여 캐릭터에게는 생동감과 매력을, 스토리에는 깊이와 설득력을 더한다. 나아가 디테일은 작품의 주제를 강조하고 효과적으로 전달하는 데에도 기여한다. 따라서 세계관을 구축하고 인물을 창조할 때 지브리 영화처럼 디테일에 집착하고 천착할 필요가 있다. 스토리의 큰 틀을 만드는 것도 중요하지만, 그 속을 채우고 있는 작은 결들에 공을 들일 때 비로소 창조된 세계는 생명력을 얻게 될 것이다. 위대한 스토리는 이러한 디테일의 힘을 잘 알고 있기에 사소한 것을 결코 가볍게 여기지 않는다.

244

공감각적으로
표현하라

지브리 영화에서 인상적인 요소를 꼽으라고 하면 식사 장면을 빼놓을 수 없다. 〈센과 치히로의 행방불명〉에서 치히로의 부모가 신들의 음식을 게걸스럽게 먹어 치우는 장면부터 〈하울의 움직이는 성〉에서 성 안의 모두가 하울이 만든 브런치를 나눠 먹는 장면, 〈벼랑위의 포뇨〉에서 소스케와 포뇨가 따뜻한 라멘을 먹는 장면까지, 지브리 영화는 인상적인 식사 장면을 그려내는 것으로 정평이 나 있다.

이러한 식사 장면이 관객들의 뇌리에 강렬하게 남는 이유는 무엇일까? 영화가 음식을 먹음직스럽게 그리기 때문일까? 지브리 영화 속 식사 장면이 남기는 임팩트는 단지 그것만으로는 설명하기 어려울 정도로 강하다. 그 임팩트는 어디에서 생기는 것일까? 그 비결은 바로 '공감각적 표현'이다.

공감각적 표현은 강력한 힘을 지니고 있다. 하나의 감각을 통해 다른 감각을 불러일으키는 것은 관객에게 생생하고 몰입감 있는 경험을 제공한다. 지브리의 식사 장면은 시각이란 감각을 활용해 미각이란 감각을 느끼게 한다.

지브리는 이런 공감각적 표현의 중요성을 잘 알고 활용한다. 지브리의 영화에서는 식사 장면 외에도 다양한 공감각적 표현을 찾아볼 수 있다. 특히 촉각의 시각화는 지브리 영화의 또 다른 트레이드마크라 할 만하다. 미야자키 하야오의 작품에는 끈적거리는 점액(〈센과 치히로의 행방불명〉의 가오나시, 〈하울의 움직이는 성〉의 괴물이 되어가는 하울), 꿈틀거리는 촉수(〈모노노케 히메〉의 재앙신)와 같은 표현이 자주 등장한다. 이런 화면은 물 밖에 빠져나와 꿈틀거리는 장어를 움켜쥐었을 때의 감각을 연상시킨다. 너무나 사실적이면서도 그로테스크해 어린 관객들에게 트라우마로 남지 않을까 걱정이 될 정도다.

하지만 바로 그 사실성 때문에 공감각적 표현은 관객의 기억에 오래 남는다. 시각을 통해 촉각을 자극하는 묘사는 관객에게 강렬한 인상을 남기고 작품에 대한 몰입감을 높인다. 지브리의 작품은 공감각적 표현이 얼마나 효과적인 스토리텔링의 도구가 될 수 있는지를 잘 보여준다.

흥미롭게도 이런 공감각적 표현은 미야자키 하야오의

주제의식과도 맞닿아 있다. 그는 줄곧 직접 경험의 중요성을 강조해왔다. 세상을 진정으로 이해하고 성장하기 위해서는 책이나 영상을 통한 간접 경험이 아니라 오감을 활용한 직접 경험이 필요하다는 것이 그의 신념이다. 공감각적 표현은 실제로 그 상황을 경험하는 것만 같은 생생한 느낌을 전달하는 동시에 관객들이 영화가 끝난 후 거리낌 없이 오감을 활용해 현실을 경험해나갈 용기를 준다. 이처럼 지브리 영화는 디테일한 공감각적 묘사가 얼마나 강력한 스토리텔링의 도구가 될 수 있는지, 그리고 그것이 어떻게 스토리의 주제와 연결될 수 있는지를 보여주는 훌륭한 사례다.

관성적인 표현을 거부하라

일본 애니메이션에는 등장인물이 뒤를 돌아볼 때 눈동자가 먼저 돌아간 뒤 나중에 고개가 돌아가는 표현이 곧잘 등장한다. 이런 방식의 묘사를 처음 시도한 것이 미야자키 하야오였단 사실을 알고 있는가? 그는 1978년 방영된 TV시리즈 〈미래소년 코난〉에서 처음으로 이런 방식의 묘사를 시도했다. 이 표현 방식은 일본 애니메이션 전반에 큰 영향을 미쳤는데, 이제는 캐릭터가 뒤를 돌아볼 때 눈동자가 먼저 돌아가는 것이 당연한 것으로 여겨질 정도다.

"우선 눈부터 시선이 '사악' 벗어납니다. 순간적이지만 고개보다 눈이 먼저인 거죠. 그런데 30년도 더 전에 했던 것을 이번 〈바람이 분다〉에서도 똑같이 하는 직원들이 있었어요. 매너리즘 덩어리인 겁니다. 좀 슬펐습니다. '내가 30년 전에 가르쳤던 것을 지금까지 그대로 하고 있단 말이야? 적당히 좀 해, 스스로 좀 생각하라고.'"

이에 미야자키 하야오는 관성적인 표현에 의문을 가지고 그것을 극복하라며 〈바람이 분다〉의 사례를 소개한다.

"애니메이션에서는 인물의 눈이 가끔 깜박입니다. 그런데 〈바람이 분다〉에서는 눈 깜빡임을 일부러 다 지웠습니다. 실사 영화를 보면 실제로 배우들은 눈을 깜빡이지

248

않아요. 눈을 깜박일 때를 보면, 피곤해서가 아니라 천천히 눈을 감았다가 사악 뜨면서 연기를 할 때 의도적으로 사용합니다. 그동안 저희는 그냥 관성적으로 눈 깜박임을 넣어온 것이었어요. 일본에서 TV 애니메이션이 시작된 지 50년이 지났는데 말입니다. 옛날에 가르쳤던 것을 그냥 스스로 어떤 것도 생각하지 않고, '눈 깜박임은 넣어야 하는 것이다'라고 여겨온 것뿐입니다."

미야자키 하야오의 이러한 문제의식은 비단 애니메이션뿐만 아니라 스토리텔링에도 충분히 적용된다. 독창적인 스토리를 만드는 법은 멀리 있지 않다. 관성적으로 해오던 것, 당연하다 여겨지는 것에 질문을 던질 때 비로소 독창적인 스토리 창작의 문이 열리게 된다. 창작자라면 기존의 것을 과감히 버리고 새로운 시도를 감행하는 용기를 가져야 한다.

창작하고 있는
매체의 힘을 믿어라

2장(아이디어)에서는 애니메이션이라는 매체에 회의를 느끼고 의욕을 상실했던 미야자키 하야오가 〈눈의 여왕〉을 보고 변화한 경험을 잠깐 소개했다. 이 일화를 좀 더 자세히 들여다보자.

미야자키 하야오는 러시아 애니메이션의 기초를 다진 거장 레프 아타마노프가 연출한 이 영화를 보고 애니메이터로서의 의욕과 열정을 되찾게 되었다고 회고한다. 그가 보기에 〈눈의 여왕〉은 타성에 젖어 있던 당대 일본 애니메이션이나 디즈니 애니메이션과는 다른, 애니메이션 영화만의 힘을 보여주는 작품이었다는 것이다.

미야자키 하야오가 〈눈의 여왕〉에서 발견한 애니메이션 영화만의 힘은 무엇이었을까? 그는 그것이 캐릭터의 생동감 있는 움직임과 섬세한 표현이었다고 말한다. 애니메이션animation이라는 단어는 라틴어로 '살아 있는'을 뜻하는 단어 'anima'에서 유래했다. 다시 말해 정지된 이미지에 연속성을 부여해 살아 있게 만드는 것이 애니메이션이다. 〈눈의 여왕〉은 움직임이 이야기에 생명력을 불어넣고, 나아가 움직임 자체가 하나의 이야기가 될 수 있다는 매체의 본원적인 힘을 보여준 것이다.

이러한 깨달음은 미야자키 하야오의 영화에서 섬세한 디테일로 나타난다. 예를 들어 〈바람이 분다〉를 제작할 때 그는 움직이지 않는 장면도 움직이는 장면처럼 일일이 그리게 했다. 그 결과 멈춰 있는 장면도 자세히 보면 미묘하게 움직이는 것처럼 보인다. 이는 실사 영화에서 배우가 멈춰 있더라도 '완전히 정지한 상태'는 불가능한 것과 마찬가지다. 미야자키 하야오는 이런 현실의 섬세한 움직임을 표현해 이미지를 '살아 있게' 만들고자 했다.

또 다른 예로는 〈바람이 분다〉의 마지막 장면에서 지로의 아내 나오코가 지로에게 편지를 두고 나가는 부분을 들 수 있다. 지로가 평생 꿈꿔왔던 비행기를 완성할 수 있도록 마지막까지 아름다운 모습만을 보여주던 나오코는 지로에게 편지 한 장만을 남겨두고 병원으로 떠난다. 이 장면을 담당한 애니메이터는 이 편지를 '평범한 네모난 종이'로 그렸는데, 미야자키 하야오는 이를 두고 '편지는 부드럽고 따뜻하게 그려야 한다'며 다시 그리게 했다고 한다. 그는 남겨진 편지의 모습만으로도 사랑하는 남편을 떠나는 나오코의 각오와 결심, 주변 사람들에 대한 애정이 모두 표현돼야 한다고 생각했다. 그래서 편지를 보는 것만으로 나오코의 심정을 읽을 수 있을 정도의 그림으로 만들어 달라고 요구한 것이다. 이런 섬세한 디테일들은 단순한 이미지를 생동감 있는 이야기로 만들어내는 애니메이션의 힘을 보여주며, 영화의 완성도에 크게 기여했다.

미야자키 하야오에게 큰 영향을 미친 또 다른 애니메이션은 폴 그리모Paul Grimault가 만든 프랑스 애니메이션 영화 〈왕과 새〉다. 디즈니 스튜디오가 1937년 세계 최초의 장편 애니메이션 〈백설공주〉를 선보인 이후, 장편 애니메이션 영화의 세계는 디즈니의 독주 체제였다고 해도 과언이 아니다. 애니메이션 제작에는 막대한 비용, 많은 제작 인력, 높은 제작 기술이 요구되는데, 대부분의 스튜디오는 디즈니의 수준에 이르지 못했다. 미야자키 하야오는 디즈니 애니메이션을 본 뒤 작업실로 돌아와 자신들이 작업하고 있는 것을 보면 열등감이 차오를 정도였다고 한다.

그러던 중, 폴 그리모를 필두로 프랑스의 유명 예술가들이 디즈니 애니메이션에 맞설 최고의 작품을 만들겠다는 포부로 제작한 것이 바로 〈왕과 새〉다(당시의 제목은 〈양치기 소녀와 굴뚝 청소부〉였다). 이 영화는 철저하게 아동 지향적인 디즈니 애니메이션과 달리 성인을 위한 애니메이션으로 제작되었다는 점에서도 의미가 있었다. 하지만 이 애니메이션의 제작 도중 악재가 발생한다. 4년 동안 80퍼센트밖에 완성되지 못한 점에 실망한 동업자가 폴 그리모를 감독직에서 해고한 뒤 멋대로 수정, 편집하여 영화를 공개해버린 것이다. 그렇게 개봉한 〈양치기 소녀와 굴뚝 청소부〉는 흥행에 실패하고 만다.

분노한 폴 그리모는 오랜 소송전 끝에 이 영화의 소유권을 되찾는다. 그는 영화제와 극장을 통해 공개된 〈양치기 소녀와 굴뚝 청소부〉의 판본들을 회수해 폐기한 뒤 자신의 의도대로 새로 완성한 영화를 〈왕과 새〉라는 제목으로 세상에 공개한다. 이렇게 영화가 완성되기까지 걸린 시간은 무려 27년이었다. 폴 그리모의 집념과 야심으로 완성된 〈왕과 새〉는 세계 장편 애니메이션 영화사에서 다섯 손가락 안에 드는 명작으로 거듭났고, 지브리 영화에도 깊은 영향을 미쳤다.

〈눈의 여왕〉이 미야자키 하야오에게 그림에 움직임을 부여하는 애니메이션이라는 매체의 힘을 보여주었다면,

〈왕과 새〉는 애니메이션을 창작하는 사람으로서의 태도를 가르쳐준 작품이라고 할 수 있다. 일례로 미야자키 하야오는 〈바람이 분다〉에서 지로와 나오코가 기차역에서 재회하는 1분 남짓의 장면을 만들기 위해 1년 3개월이라는 시간을 들였다고 한다. 이 장면의 핵심은 두 사람의 감동적인 재회지만, 미야자키 하야오는 이를 더욱 생생하고 현실감 있게 표현하기 위해 엄청난 노력을 기울였다. 그는 기차역을 메운 수많은 사람 각각에게 저마다의 개성과 사연을 부여해, 복잡한 군중 속에서 주인공들의 섬세한 감정이 더욱 돋보이도록 했다. 바쁘게 오가는 사람들 사이에서 서로를 발견하는 순간, 지로와 나오코의 미묘한 표정 변화와 감정의 흐름을 섬세하게 표현하는 데 초점을 맞췄다. 완벽한 한 장면을 만들어내기 위해 1년 3개월이나 그리고 또 그린 것은 매체에 대한 믿음 없이는 불가능한 작업이었을 것이다. 이 사례는 애니메이션의 잠재력과 표현력에 대한 깊은 신뢰를 바탕으로 한 장인 정신이 얼마나 아름다운 장면을 만들어낼 수 있는지를 잘 보여준다.

미야자키 하야오는 이러한 영감을 바탕으로 애니메이션에 대한 열정을 되찾았고, 지금까지도 자신만의 독창적인 세계를 구축해오고 있다. 그의 작품 속에서 우리는 움직임과 디테일, 상상력이 빚어내는 경이로운 세계를 만나게 된다. 그의 사례는 창작자들에게 자신이 표현하고 있는 매체의 고유한 힘과 가능성을 믿고 탐구하라는 메시지를 전해준다.

매체마다 고유한 표현 방식과 강점이 있기 때문에 창작자는 자신이 이야기를 풀어내는 도구의 특성을 명확히 인지하고 활용할 줄 알아야 한다. 물론 스토리텔링에는 보편적인 법칙이 있지만, 동시에 매체마다 적합한 문법이라는 것이 존재한다. 따라서 창작자는 매체의 고유한 속성과 잠재력을 깊이 성찰하고 이해할 필요가 있다. 그러한 통찰은 표현의 한계를 뛰어넘어 새로운 경지에 도달하게 하는 원동력이 되어줄 것이다.

✏ 요약

- 디테일에 대한 집요한 묘사는 지브리 영화의 주요 특징 중 하나다. 이러한 디테일은 스토리를 더욱 생동감 있게 만들고 비현실적인 요소를 더 자연스럽게 받아들이게 만들 뿐 아니라, 작품의 주제를 강조하고 전달하는 데에도 기여한다.

- 하나의 감각을 통해 다른 감각을 불러일으키는 공감각적 표현은 관객들에게 더욱 생생한 경험을 제공한다. 이는 작품에 대한 강렬한 인상을 남기는 동시에 스토리의 몰입도를 높인다.

- 당연하게 여겨지는 관성적인 표현에 질문을 던지고 그것을 극복하려 할 때 새롭고 독창적인 표현의 가능성이 열린다.

- 창작자는 자신이 스토리를 풀어내는 매체의 고유한 특징과 강점을 잘 이해하고 있어야 한다. 매체에 대한 이해와 통찰은 매체의 한계를 뛰어넘어 독창적인 작품을 만드는 원동력이 된다.

✎ 실전 연습

----

1. 당신의 스토리에서 특히 집요하게 묘사하고 싶은 대상
    이나 장면이 있다면 무엇인가? 그 대상 또는 장면에서
    어떤 디테일을 표현하고 싶은가? 그 디테일은 당신의
    스토리에서 어떤 기능을 하는가?

2. 당신의 스토리에서 공감각적 표현이 활용되고 있거나
    활용되면 좋을 장면이 있다면 어디인가? 공감각적 표
    현을 사용해 그 장면을 생생하게 묘사해보자.

3. 당신의 스토리에서 평소 당신이 자주 사용하는 표현이
    나 묘사를 찾아보고, 그 표현들이 어디에서 비롯된 것
    인지 생각해보자. 그 표현을 조금 더 자기만의 것으로
    바꿔본다면 어떻게 표현하겠는가?

4. 당신의 스토리는 어떤 매체를 지향하는가? 다른 매체
    와 차별되는 그 매체의 특성은 무엇이며, 당신은 그 매
    체의 무엇에 매력을 느끼는가? 그 매력을 더 잘 살리
    는 방향으로 당신의 스토리를 수정해본다면 무엇을 어
    떻게 바꾸면 좋을까?

"비행기는 아름다워도 저주받은 꿈이야.

하늘은 전부 삼켜버리지."

— 〈바람이 분다〉, 카프로니 백작

10장

주제

스토리의 시작과 끝, 주제

스토리에서 주제는 얼마나 중요할까? 1장 (지식)에서 설명했듯 주제는 '스토리 전체를 관통하는 중심 생각이나 메시지'를 의미한다. 창작자가 작품을 통해 전달하고자 하는 근본적인 가치이자 관점, 진실이 곧 주제다. 즉 창작자가 스토리 창작이라는 고행을 자처하는 이유, 스토리의 시작이자 목적이 주제에 있다고 해도 과언이 아니다. 주제는 보통 추상적이거나 함축적인 문구로 표현되며, 한 스토리 안에 여러 주제가 공존하기도 한다. 그럼 지금부터 스토리텔링에 있어 주제가 중요한 이유를 자세히 살펴보자.

우선 주제는 스토리에 일관성과 통일성을 부여한다. 주제는 스토리 전체를 관통하는 중심 생각이며 창작자가 작품을 통해 이루려 하는 것도 주제의 전달이기 때문에, 잘 만든 스토리의 모든 요소는 주제를 향해 수렴된다. 주인공, 적대자, 조력자, 사건, 세계관 등 스토리를 구성하는 다양한 요소들이 주제를 향해 유기적으로 연결될 때, 스토리는 일관성과 통일성을 갖추게 된다. 이는 작품의 완성도를 높이고, 관객에게 작품의 의미를 명확하게 전달하게 한다.

또한 주제는 관객의 공감과 몰입을 이끌어낸다. 보편적이면서도 시대를 초월하는 가치를 담은 주제는 관객의 삶과 공명하여 마음을 움직이고 스토리에 몰입하게 만든다. 관객의 공감을 얻는 데 성공한 주제는 작품과 관객 사이에 유대감을 형성한다. 이는 작품의 지속 가능성과도 연결된다. 많은 사람이 공감하는 보편적인 주제를 성공적으로 다룬 이야기는 시공간을 뛰어넘는 힘을 얻는다. 오랜 시간이 지나더라도 작품이 회자되고 사랑받으며 생명력을 유지할 수 있게 되는 것이다.

그뿐만 아니라 주제는 그 자체로 관객들에게 해석하는 재미를 준다. 작품이 명확한 주제를 가지고 있으면서도 그를 다층적이고 복합적으로 다룰 때 해석의 여지는 풍부해진다. 스토리 속에서 주제가 어떻게 구현되는지, 그리고 그 주제가 다양한 맥락에서 어떤 의미를 가지는지 탐구하는 것 자체가 작품을 감상하는 즐거움이 될 수 있다. 관객들이 저마다의 경험과 가치관에 따라 작품을 다채롭게 해석하면서 스토리는 또 다른 의미를 부여받는다.

지브리 영화가 시대와 장소를 초월하여 수많은 사람에게 회자되는 데에는 주제의 힘이 크다. 지브리의 작품들은 보편적이면서도 시대를 관통하는 주제를 담고 있다. 이러한 주제는 수많은 관객들의 공감과 몰입을 이끌어낸다.

스토리의 주제는 당연하게도 창작자의 주제의식과 연결돼 있다. 앞서 설명했듯 창작자는 본인이 가진 가치관과 문제의식을 토대로 작품의 주제를 선택하고 표현하는데, 여기서 창작자가 가진 가치관과 문제의식이 곧 주제의식이다. 미야자키 하야오의 확고한 신념과 가치관은 인물, 사건, 배경과 같은 스토리텔링의 모든 요소에 곳곳이 스며들어 있다. 이는 그의 영화에 일관성과 설득력을 더하며, 관객들을 작품 속 세계로 깊이 끌어들인다. 그의 주제의식이 스토리에 생생하게 구현돼 있기 때문에 지브리 영화는 강렬한 메시지를 전달할 수 있는 것이다.

이처럼 창작자는 자신이 전달하려는 주제를 명확히 인식하고 이를 스토리 속에 구현하기 위해 노력해야 한다. 주제는 작품의 근간이 되어 스토리텔링의 방향과 깊이를 결정짓는다. 창작자가 자신의 주제의식을 스토리에 얼마나 잘 녹여내느냐에 따라 작품의 완성도와 설득력이 좌우된다고 해도 과언이 아니다. 따라서 창작의 과정에서 끊임없이 주제를 되새기고, 그것을 스토리에 형상화하기 위한 고민이 필요하다.

미야자키 하야오의
영화와 주제의식

그렇다면 창작자의 주제의식을 작품에 어떻게 담아내는 게 좋을까? 이를 탐구하기 위한 좋은 사례로서 미야자키 하야오가 가진 주제의식이 지브리 영화에서 어떻게 구현되는지 살펴보자. 물론 여기서 미야자키 하야오의 모든 주제의식을 다루는 것은 불가능하므로, 대표적인 일부만을 짚어보려 한다.

반전주의와 근대화 비판
미야자키 하야오의 주제의식 중 가장 널리 알려진 것은 반전주의일 것이다. 미야자키 하야오는 평화주의자로 잘 알려져 있으며, 전쟁의 비극과 폭력의 허무함을 직시

하는 태도가 그의 영화 곳곳에서 발견된다. 이러한 반전주의는 일본 역사에 대한 미야자키 하야오의 통찰을 바탕으로 한다. 서구 열강의 기술과 무기를 받아들인 일본은 '근대화'를 위해 일본 열도 곳곳을 '개척'했고, 이렇게 일본은 '제국주의 국가'로 재탄생했다. 제국이 되고자 하는 일본의 욕망은 나날이 커졌고, 침략은 노골적으로 변했다. 그 결과는 세계를 대상으로 한 전쟁이었다. 결국 '근대화'의 끝에 있었던 것은 패전이라는 폐허였다.

미야자키 하야오는 일본 근현대사에 대한 이러한 통찰을 바탕으로 작품 속에서 근대화와 제국주의에 대한 비판적인 시선을 드러낸다. 〈바람계곡의 나우시카〉에서는 문명의 이기인 거대 병기가 자연을 파괴해 인류를 멸망 직전으로 몰아넣은 디스토피아적 세계가 그려진다. 영화는 주인공 나우시카와 그가 속한 공동체인 바람계곡이 전쟁과 파괴, 오염 등으로 얼룩진 세계에 저항해 자연과 공존해 살아가는 모습을 통해 평화와 치유의 가치를 효과적으로 드러낸다.

〈천공의 성 라퓨타〉는 과학기술이 인간의 욕망과 결합할 때 어떤 결과를 초래하는지 보여준다. 평화로운 유토피아로 보였던 라퓨타가 강력한 무기를 탐내는 세력들의 각축장이 되어가는 과정은 과학이 군사적 욕망에 종속될 때 빚어지는 비극을 표현한다. 갖은 고난을 겪으며 라퓨타를 찾아온 시타와 파즈가 결국 라퓨타를 파괴하기로 결정하는 모습은 미야자키 하야오의 주제의식이 명확히 드러나는 장면이다.

〈하울의 움직이는 성〉은 표면적으로는 로맨틱한 사랑 이야기로 보이지만, 그 이면에는 전쟁의 그림자가 드리워져 있다. 강력한 마법사 하울이 전쟁 병기로 이용당하는 와중에 주인공들은 자신들의 정체성과 인간성을 지키기 위해 애쓴다. 〈그대들은 어떻게 살 것인가〉도 전쟁이라는 시대적 배경 속에서 혼란스러운 삶에 놓인 소년의 이야기를 통해 전쟁에 대한 반감을 표현한다.

특히 〈바람이 분다〉에서는 미야자키 하야오의 반전 메시지가 더욱 직접적으로 드러난다. 실존했던 스파이를 모델로 한 캐릭터 카스토르프는 이렇게 말한다.

카스토르프 중국에게 한 전쟁을 잊어요. 만주국 건설을 잊어요. 국제연맹 탈퇴를 잊어요. 세계를 적으로 돌린 것도 잊어요. (그래서) 일본은 파멸합니다. (그리고) 독일도 파멸합니다.

이 대사는 전쟁과 제국주의적 팽창이 결국 파멸로 이어진다는 미야자키 하야오의 역사관을 노골적으로 드러낸다.

이처럼 그는 무분별한 근대화와 제국주의적 욕망이 빚어낸 전쟁의 비극을 경험한 세대로서, 전쟁과 평화에 대한 깊은 성찰을 자신의 작품에 꾸준히 투영해왔다. 그의 작품은 우리에게 근대 문명과 과학기술의 진보 이면에 도사린 위험을 경계하고, 평화와 공존을 이루는 삶의 방식을 제안한다.

기술과 자연이 공존하는 생태주의

반전주의와 근대화에 대한 비판 의식은 미야자키 하야오 특유의 생태주의로 발전했다. 미야자키 하야오는 무분별한 산업화와 자연 파괴에 대해 경고하면서도 기술 그 자체를 부정하지는 않는다. 대신 그는 자연과 기술이 조화를 이루는 독특한 세계를 그려낸다.

〈천공의 성 라퓨타〉는 과학기술의 양면성을 잘 보여주는 작품이다. 라퓨타의 발전된 기술은 인류에게 풍요를 가져다주지만, 무기로 전락해 파멸을 초래할 수도 있다. 전쟁 이후 세대를 상징하는 시타와 파즈는 무기로 악용되려는 라퓨타를 파괴한다. 그러나 라퓨타는 거대한 나무 뿌리의 힘 덕분에 살아남는다. 결국 라퓨타는 거대한 나무와 하나가 되어, 자연과 기술이 조화를 이룰 때의 아름다움을 남긴 채 우주 저편으로 사라진다.

〈모노노케 히메〉는 미야자키 하야오의 생태주의적 주제의식이 절정에 달한 역작이다. 이 작품에서 인간의 자연 착취는 자연의 분노를 유발하여 재앙신을 낳는다. 재앙신의 출현은 변방의 소수 민족이나 사회적 약자들의 마을을 파괴하는 악순환을 초래한다. 이런 상황에서 영화는 아시타카라는 중재자를 내세워 인간의 기술과 자연의 생명이 조화를 이루며 살아갈 방법을 모색해나간다.

미야자키 하야오의 생태주의는 단순히 자연을 찬미하거나 기술을 부정하는 것이 아니다. 그는 〈모노노케 히메〉가 에보시와 산 모두에게서 긍정적인 가치를 보여주듯이 인간과 자연, 기술과 생명이 조화를 이루며 공존하는 세계를 지향한다. 인간과 자연의 관계를 되돌아보고, 지속 가능한 발전의 길이 무엇인지 질문한다. 이 때문에 그의 작품들은 오늘날 우리가 직면한 환경문제, 기후위기, 사회적 갈등을 해결하기 위한 중요한 통찰을 제공하기도 한다.

인간 모순에 대한 성찰

인간 모순에 대한 성찰과 탐색은 미야자키 하야오를 대표하는 또 다른 주제의식이다. 이는 후기작일수록 뚜렷하게 나타나는 경향이 있다. 앞서 미야자키 하야오가 적대자였다 조력자로 바뀌는 인물을 자주 그려낸다거나 이상향과 그 어두운 이면이 공존하는 세계관을 구축한다고 설명했는데, 이렇게 양면을 모두 탐구하려는 그의 면모가 미야자키 하야오를 대표하는 주제의식과 연결돼 있는 것이다.

모순적 성향은 미야자키 하야오 자신에게도 존재한다. 그는 전쟁을 반대하는 평화주의자면서도 전투기와 무기를 동경하는 모순적인 면모를 지니고 있는데, 이는 그의 작품 여럿에 반영되어 드러난다. 예를 들어 〈붉은 돼지〉의 포르코는 뛰어난 비행기 조종 실력을 가지고 공군으로 참전해 수많은 참상을 경험한 인물이다. 그는 전쟁의 비극을 깊이 인식하면서도 비행에 대한 열정을 버리지 못하는 모순적인 모습을 보여준다.

〈그대들은 어떻게 살 것인가〉에서는 인간 모순에 대

한 성찰이 특히 뚜렷하게 나타난다. 마히토는 전쟁에 대해 반감을 가지고 있지만, 군수공장을 운영하는 아버지의 돈으로 '도련님'처럼 살아가는 모순적인 인물이다. 또 영화 후반부에서 중요한 상징으로 나타나는 마히토 머리의 상처는 그가 선하고 진실된 모습과 악하고 거짓된 모습을 동시에 지닌 인물이라는 것을 직접적으로 드러낸다.

이처럼 미야자키 하야오의 작품들은 인간의 모순을 다양한 각도에서 조명한다. 전쟁을 혐오하면서도 전투기에 매료되는 모순, 평화를 갈망하면서도 전쟁의 혜택을 누리는 모순, 아름다운 것이 파괴의 도구가 되는 모순, 선함과 악함이 공존하는 모순 등을 통해 인간 존재의 복잡성과 모순성을 깊이 있게 탐구한다. 이러한 성찰은 선악의 이분법을 넘어서는 깊이 있는 인간 이해를 보여주며, 미야자키 하야오의 작품이 지닌 깊이와 보편성의 원천이 된다.

그런데 여기서 우리는 〈바람이 분다〉의 사례를 살펴볼 필요가 있다. 이 영화는 미야자키 하야오의 이러한 주제의식이 정점에 달한 작품이다. 주인공 호리코시 지로는 아름다운 비행기를 설계하는 것이 꿈이지만 그런 그의 꿈과 재능은 전쟁을 위해 이용당한다. 지로가 설계한 전투기 '제로센'은 수많은 파일럿을 전쟁터로 내몰았고, 그들 중 많은 이가 돌아오지 못했다. 이 작품은 재능과 이상을 가진 한 개인이 시대적 상황에 의해 전쟁에 이용될 수밖에 없었던 아이러니와 비극을 그려낸다.

하지만 이 영화는 공개 이후 전쟁을 미화하고 군사주의를 긍정한다는 논란을 불러일으켰다. 미야자키 하야오는 이 작품을 통해 인간의 모순을 성찰하고자 했지만, 그 모순이 지나친 나머지 사람들에게 영화의 주제가 온전히 전달되지 못한 것이다. 이런 점에서 〈바람이 분다〉는 스토리텔링과 주제의식의 관계에 대해 성찰하게 만드는 작품이기도 하다. 주제의식은 스토리에 어떻게 녹아들어야 할까? 지금부터 그 적절한 균형점을 탐구해보자.

 ## 주제의식과 스토리의 균형을 잡아라

창작자에게 주제의식이 없으면 스토리는 궁극적으로 전달하려는 알맹이가 희미한 맹탕이 돼버리기 쉽다. 반면 주제의식이 지나치게 노골적으로 표현될 경우 스토리는 설교나 프로파간다에 가까워질 수 있다. 주인공이 창작자의 대변인으로 전락하거나, 사건 전개가 주제를 설명하기 위한 도구로만 기능하게 되는 것이다. 이런 경우 작품의 예술성과 재미는 반감된다. 관객들은 자연스러운 스토리의 흐름 속에서 주제를 발견하고 공감하기를 원하지, 창작자의 메시지를 일방적으로 주입받고 싶어하지 않기 때문이다.

따라서 주제의식의 표현과 스토리텔링이 조화를 이루는 것이 중요하다. 그럴 때 작품은 더욱 깊이 있고 설득력 있는 메시지를 전달할 수 있다. 중요한 것은 주제의식을 스토리 속에 자연스럽게 녹여서 드러내는 것이다.

미야자키 하야오의 영화가 뚜렷한 주제의식을 표현하면서도 많은 사람의 사랑을 받을 수 있는 것도 주제의식과 스토리가 유기적으로 어우러졌기 때문이다. 그의 작품 속 반전주의나 생태주의적 관점은 인물과 사건 등을 통해 스토리 속에 녹아들어 매끄럽게 전달된다.

하지만 예외적으로 〈바람이 분다〉는 주제의식과 스토리가 조화를 이루는 데 실패하고 말았다. 미야자키 하야오는 이 영화를 통해 꿈과 현실 속 딜레마와 인간의 모순을 깊이 있게 탐구하고자 했지만, 그 메시지가 난해하고 모호하게 표현되어 많은 관객이 작품의 의도를 파악하는 데 어려움을 겪었다. 주인공 지로의 모순적인 행보, 이입하기 어려운 내적 갈등, 은유와 상징으로 우회되어 표현되는 주제 등이 관객들에게 혼란을 준 것이다.

이는 주제의식을 명료하게 구현하는 것이 무엇보다 중요하다는 것을 보여준다. 아무리 작품에 깊이 있는 주제가 담겨 있더라도 관객이 그것을 이해하고 공감하지 못하면, 주제는 전해지지 않으며 작품의 완성도는 떨어질 수밖에 없다. 물론 난해함과 모호성이 작품의 예술성을 담보하는 요소가 될 수도 있다. 일부 작가주의적인 창작자들은 일부러 해석의 여지를 남겨 다양한 관점에서 작품을 바라보게 하는 방식으로 예술적 가치를 높이기도 한다. 하지만 이런 경우에도 주제의식은 작품 내에서 일정 수준의 설득력과 정합성을 갖추고 제시되어야 한다. 지나치게 모호하고 혼란스러운 메시지 전달은 작품과 관객 사이의 소통을 방해할 수 있기 때문이다.

따라서 창작자는 주제의식과 스토리텔링, 그리고 명료한 메시지 전달 사이에서 균형점을 찾기 위해 노력해야 한다. 창작자의 주제의식이 인물과 사건을 통해 자연스럽고 설득력 있게 구현될 때, 스토리텔링의 힘은 더욱 강해진다. 주제의식과 스토리텔링이 적절한 균형과 조화를 이룰 때, 시대를 뛰어넘는 훌륭한 작품이 탄생하게 된다.

주제를 드러내는
세 가지 방법

그렇다면 주제의식을 인물과 사건을 통해 자연스럽고 설득력 있게 구현하는 방법은 무엇일까? 다시 말해 주제를 스토리에 매끄럽게 녹여내는 방법으로는 어떤 것들이 있을까?

그 첫 번째 방법은 주제를 인물의 일상적인 대사와 행동을 통해 자연스럽게 드러내는 것이다. 캐릭터들이 나누는 사소한 대화와 그들의 행동, 선택을 통해 작품의 주제를 간접적으로 전달할 수 있다. 예를 들어 〈이웃집 토토로〉에서 미야자키 하야오는 다양한 감각을 통해 능동적으로 세상을 경험하는 사츠키와 메이의 모습을 통해 경험이 중요하다는 주제를 전달한다. 또한 〈벼랑 위의 포뇨〉에서 아이들의 말을 귀 기울여 경청하고 대답하는 리사나 할머니들의 모습을 통해 아이들을 존중하는 태도의 중요성을 보여준다. 이처럼 작중인물들의 언행은 창작자의 주제의식을 자연스럽게 드러내는 효과적인 도구가 된다.

두 번째로는 스토리의 중심 갈등과 그 해결 과정을 통해 주제를 드러내는 방법이 있다. 예를 들어 주인공이 중심 갈등을 겪어내는 과정에서 행한 이타적인 행동이 문제 해결의 열쇠가 될 때, '선한 행동은 보답을 받는다'는 주제가 극적으로 드러난다. 앞에서 자세히 살펴봤듯 〈센과 치히로의 행방불명〉의 중심 갈등은 치히로가 부모를 인간으로 되돌리려 낯선 세계에서 겪는 시련이다. 치히로가 하쿠와 가오나시에게 영약을 나눠주는 행동은 이 갈등 해결의 중요한 전환점이 된다. 치히로의 이타적 행동이 결국 중심 갈등을 해결하는 실마리가 되면서, 선행은 돌아온다는 주제를 효과적으로 보여준다. 이처럼 중심 갈등의 설정과 해결 과정을 통해 작품의 주제를 자연스럽게 구현할 수 있다. 이는 주제를 직접적으로 언급하는 것보다 더 깊이 있고 설득력 있는 방식으로 메시지를 전달할 수 있게 해준다.

마지막으로 작품 속 이미지나 상징적 요소를 통해 주제를 은유적으로 표현하는 방법이 있다. 예를 들어 〈모노노케 히메〉에서 아시타카의 저주받은 팔은 인간과 자연의 갈등이라는 주제를 상징적으로 보여주는 요소다. 아시타카의 팔에 깃든 저주는 인간의 이기심과 폭력성이 초래한 자연의 저항을 의미한다. 이 저주는 아시타카에게 고통을 주지만 동시에 강력한 힘도 부여하는데, 이는 인간이 자연과 대립하면서도 공존할 수밖에 없는 관계임을 은유적으로 표현한 것이라 할 수 있다. 또 〈하울의 움직이는 성〉에서 괴물로 변해가는 하울의 모습은 전쟁의 광기가 개인의 정체성을 파괴한다는 주제를 은유한다. 마찬가지로 〈그대들은 어떻게 살 것인가〉는 왜가리나 펠리컨, 앵무새 등 다양한 새들의 비행을 아름답게 그리면서도 새들이 지나간 자리에 새똥이 남는 것을 집요하게 묘사한다. 이는 모든 아름다움에는 이면이 있다는 주제를 상징적으로 보여주는 것이다. 스토리 이야기 속 시각적 요소들은 추상적인 주제를 감각적이면서도 직관적으로 전달하는 효과적인 매개체가 된다.

이 세 가지 방법이 하나의 주제를 향해 수렴될 때 작품의 주제는 더욱 강조된다. 특히 영화의 클라이맥스에서 주제가 가장 직접적이고 강렬하게 드러나는 경향이 있는데, 이때 세 가지 방법이 긴밀하게 연결될 때 스토리의 주제는 가장 강력하고 감동적으로 관객에게 전달된다. 이는 단순히 주제를 설명하는 것보다 훨씬 더 깊고 오래 지속되는 인상을 남긴다.

 ## 스토리 속에서
자연스럽게 자라나는 주제

주제의 가장 흥미로운 점 중 하나는 이야기를 만드는 동안 자연스럽게 발생하고 자라나기도 한다는 점이다. 이야기를 통해 성장하는 것은 이야기 속의 주인공이나 그것을 접하는 관객만이 아니다. 이야기를 만들어나가는 창작자 또한 성장한다.

미야자키 하야오 또한 그렇다. 〈바람계곡의 나우시카〉를 통해 시작된 그의 주제의식들은 〈천공의 성 라퓨타〉, 〈이웃집 토토로〉, 〈마녀 배달부 키키〉, 〈붉은 돼지〉, 《코믹스판 바람계곡의 나우시카》, 〈모노노케 히메〉, 〈센과 치히로의 행방불명〉, 〈하울의 움직이는 성〉, 〈벼랑 위

의 포뇨〉, 〈바람이 분다〉, 〈그대들은 어떻게 살 것인가〉
를 거치며 점점 성숙해진다.

그 대표적인 사례가 그의 영화에서 묘사되는 자연에
대한 인식이다. 〈바람계곡의 나우시카〉에서 자연은 인간
이 감히 범접할 수 없는 압도적인 존재로 표현되고, 〈천
공의 성 라퓨타〉와 〈마녀 배달부 키키〉에서 자연은 기술
문명과 대비되는 낭만화된 형태로 나타난다. 하지만 〈모
노노케 히메〉에 이르러 미야자키 하야오는 기술 문명을
유지하기 위한 자연에 대한 착취를 묘사하면서 더욱 성
숙해진 인식을 드러낸다. 자연의 힘을 과장되게 묘사하
는 것을 넘어, 진지하게 현실 속 자연과 인간이 공존하는
방법을 성찰하기 시작한 것이다.

이처럼 창작자의 주제의식은 마치 살아 있는 생명체
와도 같아 스토리를 만들면 만들수록 성장하고 성숙해
지는 경향이 있다. 이는 작품 속 주제도 마찬가지다. 어
떤 주제를 설정하고 스토리를 만들어가다 보면 주제가
달라지거나 깊어지는 경우가 많다. 때로는 전혀 생각지
도 못했던 주제가 작품 속에서 발생하기도 한다. 따라서
창작자는 처음 설정했던 주제에 매몰되지 않는 유연한
태도를 가져야 한다. 물론 자신의 핵심적 주제의식은 일

관되게 유지하는 것이 중요하지만, 그 안에서 새로운 주제와 메시지를 발견하고 포용할 줄 아는 열린 자세 또한 필요하다.

창작 과정에서 발생하는 다양한 생각과 통찰을 주제 속에 녹여내다 보면 이야기는 좀 더 깊이 있고 풍성한 의미를 담을 수 있게 된다. 주제 또한 스토리와 함께, 그리고 창작자의 성장과 함께 진화하는 생명체와 같은 것이다. 주제를 완성된 정답으로 바라보는 게 아니라 끊임없이 생성되는 과정으로 인식한다면, 더욱 깊이 있으면서도 살아 있는 작품을 만들 수 있을 것이다.

✐ 요약

- 주제는 스토리 전체를 관통하는 중심 생각이나 메시지를 의미한다. 스토리 속의 모든 요소가 주제를 향해 수렴될 때 주제는 더욱 힘을 얻는다. 주제는 작품에 일관성을 부여하고, 관객의 공감과 몰입을 이끌어내며, 그 자체로 관객들에게 해석의 재미를 준다.

- 주제의식은 창작자가 가진 가치관과 문제의식이다. 미야자키 하야오의 주제의식으로는 반전주의와 근대화 비판, 기술과 자연의 공존, 인간 모순에 대한 성찰 등이 있다.

- 주제의식의 표현과 스토리텔링 사이에서 균형점을 찾는 것이 중요하다. 주제의식이 없으면 스토리는 맹탕이 되기 쉽고, 주제의식이 과하면 스토리가 프로파간다로 전락할 수 있기 때문이다.

- 주제를 자연스럽게 전달하려면 인물의 일상적인 대사와 행동, 스토리의 중심 갈등과 그 해결 과정, 이미지나 상징적 요소를 활용해 주제를 녹여내는 것이 중요하다.

- 주제는 스토리가 만들어지는 동안 자연스럽게 자라나기도 한다. 따라서 특정한 주제에 매몰되지 않는 유연한 태도를 가져야 한다.

✏ 실전 연습

----

1. 당신은 스토리를 통해 어떤 메시지를 전하고 싶은가?
   이는 당신이 가지고 있는 어떤 가치관과 문제의식에서
   비롯되었는가?

2. 당신의 스토리 속에서 주제를 전달하는 요소들은 무엇
   이 있는가? 당신의 스토리는 주제를 지나치게 직접적
   으로 전달하려고 하거나, 반대로 지나치게 감추고 있지
   는 않은가?

3. 당신의 스토리를 만들기 시작했을 때 정했던 주제는
   무엇인가? 그때의 주제와 지금의 주제는 같은가, 다른
   가? 주제가 달라지지 않았다면, 처음의 주제에 의문을
   갖게 하는 순간들은 없었는지 떠올려보자. 달라졌다면,
   어떤 고민과 과정을 통해 주제가 성숙해졌는지 복기해
   보자.

"야, 마히토.

저쪽에서 일어났던 일을 다 기억해?

그러면 안 돼. 잊어버려.

보통은 다들 잊어버리거든."

— 〈그대들은 어떻게 살 것인가〉, 왜가리

생성AI의 시대의
스토리텔링

이 책의 원고를 작성하는 동안 세계는 우리가 예상하지 못한 방향과 속도로 큰 변화를 겪었다. 오픈AI의 챗GPT를 필두로 한 생성AI의 등장은 기술 발전에 대한 경이와 불안을 동시에 안겼다. AI가 인간의 고유 영역이라 여겨졌던 예술 분야에서까지 놀라운 성과를 보이기 시작한 것이다. 2022년 게임 기획자 제이슨 M. 앨런이 생성AI 프로그램 '미드저니'로 만든 그림 〈스페이스 오페라 극장〉이 콜로라도 주립 박람회 미술 대회에서 우승을 차지한 것이 그 대표적인 사례다.

　이후 AI의 침범은 더욱 가속화되었다. 최신 AI 기술들은 간단한 명령어만으로 순식간에 음악을 만들어내거나, 유명 3D 애니메이션 스튜디오에 버금가는 퀄리티의 고해상도 영상을 생성하는 등 인간 창작자들의 영역을 빠르게 잠식해가고 있다.

　이런 시대에 지브리는 우리에게 중요한 성찰 지점을 제공한다. 〈모노노케 히메〉 제작 당시 컴퓨터그래픽을 전면 도입했던 지브리는 〈벼랑 위의 포뇨〉를 만들며 다시 수작업 애니메이션으로 회귀한다. 주류의 흐름에서 벗어난 선택이었지만, 이것이 〈벼랑 위의 포뇨〉의 가치를 떨어뜨리기는커녕 오히려 작품의 독특한 매력과 예술성을 한층 드높이는 결과를 가져왔다. 이는 기술이 발전하더라도 인간 창작자의 비전과 장인 정신이 여전히 중요하다는 것을 보여주는 귀중한 사례다.

　미야자키 하야오에 관한 일본의 다큐멘터리 〈끝나지 않는 사람, 미야자키 하야오〉에는 이런 일화가 소개된다. 지브리의 한 수습 프로듀서가 미야자키 하야오에게 딥러닝 인공지능 기술로 만들어진 컴퓨터그래픽 애니메이션을 선보인다. 그가 시연한 영상 속에는 머리를 다리

로 사용하는 인간이 그로테스크하게 움직이는 모습이
담겨 있었다. 이를 본 미야자키 하야오가 말한다.

> "매일 아침 저는 장애가 있는 친구를 만나곤 했습니다.
> 그가 걸어올 때 한쪽 다리가 거의 구부러진 것 때문에 매
> 우 고생스럽게 다가옵니다. 그의 근육으로 인해 하이파
> 이브하는 것도 어려워합니다. 나의 손으로 그에게 다가
> 가야 합니다. 그를 기억하세요. 나는 이걸 흥미롭게 볼
> 수가 없습니다. 이걸 만든 사람이 누구든 아픔이 무엇인지 모
> 르는 이가 만들었을 겁니다. 고통에 대해 생각하지 않고 있잖아
> 요. 매우 역겹습니다. 이걸 이용해 섬뜩한 애니메이션을 만들고
> 싶다면 그렇게 하세요. 하지만 저는 이 기술을 절대 제 작품에
> 사용하지 않을 겁니다."

미야자키 하야오의 이 말에는 예술에 관한 중요한 통
찰이 담겨 있다. 그가 자신의 경험을 근거로 들어 의견을
표하고 있다는 데 주목하자. 예술이 인간에게 감동을 주
는 이유는 그것이 인간의 삶과 경험에서 우러나오기 때
문이다. 예술이 감동적인 이유는 기술적 완성도와 같이
측정 가능한 속성 때문이 아니라, 개인적인 삶의 경험을

바탕으로 하기 때문이다.

생성AI와 같은 기술들이 아무리 발전하더라도 인간이 만든 예술을 대체하지 못할 것이라 단언하는 것은 바로 이 때문이다. 지브리 영화가 우리에게 각별한 감동을 주는 이유도 여기에 있다. 미야자키 하야오는 삶과 경험에 기반한 예술의 힘을 이해하고, 이를 영화 속에 녹여 진정성 있는 이야기의 힘을 보여준다. 이처럼 지브리의 통찰력 있는 접근 방식은 기술의 발전 속에서도 인간의 감성과 경험에 뿌리 내린 스토리의 가치를 일깨운다.

 ## 자전거 보조 바퀴

미야자키 하야오가 이 책을 읽는 걸 상상한 적이 있다. 그는 책을 읽고 어떻게 반응할까? 그가 정말로 이 책을 읽기 전까지 우리는 그 답을 알 수 없겠지만, 나는 그가 이 책을 칭찬하는 일이 결코 없으리라 확신한다. 앞에서 인용했던 미야자키 하야오의 말을 되새겨 보자.

"내가 30년 전에 가르쳤던 것을 지금까지 그대로 하고 있단 말이야? 적당히 좀 해, 스스로 좀 생각하라고."

내가 아는 미야자키 하야오라면 무작정 자신을 따라 하려는 행위를 달갑게 여기지 않을 것이다. 그래서 내가 독자들에게 꼭 당부하고 싶은 것이 있다. 이 책을 자전거에 다는 보조 바퀴처럼 여겨달라는 것이다.

물론 앞에서 이야기한 것처럼 창작자가 되기 위해선 지식을 축적하고 스토리텔링의 기본 원리를 익힐 필요가 있다. 그러나 진정한 자전거 타기의 묘미는 보조 바퀴를 떼고 난 후에야 느낄 수 있듯이, 기본 원리를 익히고 체득한 뒤에는 이를 버리고 자신만의 원리를 만들어나가야 한다.

프롤로그에서 이야기한 것처럼 이 책을 읽는 사람을 포함해 그 누구도 미야자키 하야오와 같은 창작자가 될 수는 없다. 미야자키 하야오가 되고자 하는 우리의 시도는 필연적으로 실패하겠지만, 이러한 실패는 우리를 더 나은 창작자가 되도록 이끌 것이다. 당신의 필연적인 실패에 다시 한 번 응원을 보낸다.

영화 목록

바람계곡의 나우시카 風の谷のナウシカ
미야자키 하야오 연출, 116분, 1984

미야자키 하야오 원작 및 각본

천공의 성 라퓨타 天空の城ラピュタ
미야자키 하야오 연출, 124분, 1986

미야자키 하야오 원작 및 각본

이웃집 토토로 となりのトトロ
미야자키 하야오 연출, 86분, 1988

미야자키 하야오 원작 및 각본

마녀 배달부 키키 魔女の宅急便
미야자키 하야오 연출, 102분, 1989

카도노 에이코 원작, 미야자키 하야오 각본

붉은 돼지 紅の豚
미야자키 하야오 연출, 93분, 1992

미야자키 하야오 원작 및 각본

귀를 기울이면 耳をすませば
콘도 요시후미 연출, 111분, 1995
히이라기 아오이 원작, 미야자키 하야오 각본

모노노케 히메 もののけ姫
미야자키 하야오 연출, 133분, 1997
미야자키 하야오 원작 및 각본

센과 치히로의 행방불명 千と千尋の神隠し
미야자키 하야오 연출, 124분, 2001
미야자키 하야오 원작 및 각본

하울의 움직이는 성 ハウルの動く城
미야자키 하야오 연출, 119분, 2004
다이애나 윈 존스 원작, 미야자키 하야오 각본

벼랑 위의 포뇨 崖の上のポニョ
미야자키 하야오 연출, 100분, 2008
미야자키 하야오 원작 및 각본

바람이 분다 風立ちぬ
미야자키 하야오 연출, 126분, 2013
미야자키 하야오 원작 및 각본

그대들은 어떻게 살 것인가 君たちはどう生きるか
미야자키 하야오 연출, 124분, 2023
미야자키 하야오 원작 및 각본